李小田 著

创建充满生命活力的新样态学校

——『圆满教育』理念育人实践

SPM 南方传媒

全国优秀出版社
全国百佳图书出版单位

广东教育出版社
·广 州·

图书在版编目（CIP）数据

创建充满生命活力的新样态学校："圆满教育"理念育人
实践 / 李小田著 . — 广州 ：广东教育出版社，2022. 12
ISBN 978-7-5548-5198-2

Ⅰ . ①创… Ⅱ . ①李… Ⅲ . ①小学教育—教育研究
Ⅳ . ① G622.0

中国版本图书馆 CIP 数据核字（2022）第 231464 号

创建充满生命活力的新样态学校——"圆满教育"理念育人实践
CHUANGJIAN CHONGMAN SHENGMING HUOLI DE XIN YANGTAI XUEXIAO
——"YUANMAN JIAOYU" LINIAN YUREN SHIJIAN

出 版 人：朱文清
责任编辑：张韵婷 赵 杰
责任校对：林晓珊
责任技编：佟长缨
装帧设计：喻悠然
出版发行：广东教育出版社
　　　　　（广州市环市东路472号12—15楼　邮政编码：510075）
销售热线：020-87615809
网　　址：http://www.gjs.cn
E-mail：gjs-quality@nfcb.com.cn
经　　销：广东新华发行集团股份有限公司
印　　刷：佛山市浩文彩色印刷有限公司
　　　　　（佛山市南海区狮山科技工业园A区）
规　　格：787 mm×1092 mm　1/16
印　　张：12.75
字　　数：255千
版　　次：2022年12月第1版
　　　　　2022年12月第1次印刷
定　　价：68.00元

序言

"圆满教育"，充满生命活力

初识李小田校长，应该是2013年6月在北京师范大学教育部小学校长培训中心。当时我分管广州市中小学教师继续教育工作，有个"广州市卓越中小学校长培养工程"，这个工程由北京师范大学教育部小学校长培训中心负责实施。李小田校长是第一期正校长培训班的学员。在这个班的培训过程中，我作为广州市教育局的代表，到北京师范大学去探望这批学员，并且出席结业典礼，因为李校长是班长，工作过程当中，我认识了他。这个班的学员都是正校长，班务管理有一定难度，然而李校长作为班长，充分发挥其组织和管理能力，配合校长培训中心把这个班管理得井然有序，学员们团结紧张、严肃活泼，圆满地完成了为期三个月的培训任务。

再识李校长时，他在荔湾区金兰苑小学工作，其间他发掘学校的棋文化，践行"方圆教育"理念，开设象棋、围棋、国际象棋三种校本课程，把学校的棋文化特色打造得极为鲜明。当时我在广州市教育局分管体育工作，金兰苑小学承办的荔湾区"金兰杯""三棋"赛和广州市象棋锦标赛我都受邀参加，每一届赛事组织得规范热闹，而且规模一届比一届大，参赛人数一届比一届多，应该说金兰苑小学真正落实了"三棋进校园"的要求。

让我对李校长有更深刻印象的是，他坚持一个理念，就是在培训班学习的时候，校长们是学习共同体，结业之后，要形成一个发展共同体。广州市卓越中小学校长培养工程结束之后的近十年，他把本班学员紧紧凝聚在一起，经常组织校长们一起开展学术论坛，称之为"草根微论坛"。顾名思义，草根就是基层校长，微论坛就是小规模的沙龙。校长们在微论坛上既可以讲教育的大事，也可以讲小事情，目的就是让大家出谋划策、建言献策解决办学实践过程当中棘手的问题。这种民间自发的校长微论坛成为广州教育一道亮丽的风景线！

2018年我担任广州教育学会会长。2019年成立的广州教育学会小学校长领导力研究专委会，李校长被推选为专委会的秘书长。几年来，在李校长的精心组织、策划下，小学校长领导力专委会每年都开展形式多样、内容丰富的学术会议，有力助推广州教育高质量发展。

在和李校长相识、接触的这些年，我在不少场合听过他的办学实践发言，从发言中我感觉到他在办学实践中闪烁着个性的教育思想。当他将厚厚的一本书稿《创建充满生命活力的新样态学校——"圆满教育"理念育人实践》交给我并请我给这本专著写序言，我再次看到了一位有着浓厚教育情怀和个性教育思想的教育工作者的样态，欣然起笔。

在教育求索之路上，李校长是位有着教育理想的探索者。他从2013年到2021年先后参加北京师范大学和广东第二师范学院承办的广州市卓越中小学校长培养工程培训班、华南师范大学承办的广州市基础教育系统新一轮"百千万人才培养工程"小学名校长研修班、北京师范大学承办的广州市义务教育学校校长教师专业能力提升工程研修班，近十年的不断"充电"，从"京师"到"二师"，再到"华师"，再到范德堡大学，他认为自己这些年学得浪漫、充实、实用、幸福。在边工作边进修的日子里，他尽情享受着"研修盛宴"：聆听专家讲座、参与各种学术会议、参加学院学校互访交流诊断；深入全国多地、美国纳什维尔市特色鲜明的优质中小学校进行教育考察；深入华南师范大学附属小学等名校做"影子校长"。从珠三角到长三角再到重庆，再到美国纳什维尔，他马不停蹄地走近教育大家，走入名校，走进名师课堂，尽情汲取和分享国内外众多风格迥异的专家、同仁的思想智慧。近十年的理论研修和跟岗访学，李校长收获的不仅是鲜红的结业证书，更是浓烈的教育情怀，是一位教育管理者对教育独到的见解以及自成体系的教育思想。

一路的业务进修，一路从荔湾区金兰苑小学到坑口小学的办学实践，在教育管理之路上，李校长苦苦挖掘学校的内生文化并希望通过"靠山吃山，靠水吃水"的方式，基于学校的内生文化厘定学校的发展战略主题，形成自己的办学思想。在金兰苑小学发掘学校内生的棋文化，在坑口小学发掘学校的球类运动文化，无论是棋文化还是球类运动文化，都是中华优秀传统文化，于是，李校长就通过对这种内生的文化作育人哲学思辨，形成独到的办学主张。在金兰苑小学提出"方圆教育"，在坑口小学提出"圆满教育"，无论是哪种教育，都是用中华优秀传统文化的哲学精髓立德树人。

在5000多年文明发展中孕育的中华优秀传统文化，积淀着中华民族最深层的精神追求，代表着中华民族独特的精神标识。我们教育工作者，就应该深入挖掘中华优秀传统文化蕴含的思想观念、人文精神、道德规范，结合时代要求继承创新，让中华优秀传统文化展现出永久魅力和时代风采。"以文化育人"是中华优秀传统文化的真理，中华优秀传统文化育人的真谛在于用文化引导人们走向道德、理性的时代，实现立德树人的目标。用中华优秀传统文化哲学精髓立德树人，成为李校长作为教育管理者办学育人的基本思想。

正如孔子所说："从心所欲而不逾矩。"也正如《孟子·离娄·章句上》里所说："不以规矩，不能成方圆。"在中华优秀传统文化中，不论是儒家孔孟所追寻的"仁义"，或是道家老子强调的"无为"人生境界，抑或是荀子对于人的主观能动性超越自然的追求，他们的理论中，都表现出方圆互容、互补的文化氛围。在对于天命和人事关系或者说是人与自然界关系的处理、个体与群体关系的处理以及人与自身关系的处理中，都可以坚持用"方圆兼济"的哲学思维方法来解决这些人生问题。李校长认为，从学校育人的终极目标来看，教育的主要目的也就是培养学生的"方圆"人格；从学校的内部管理来看，管事理人的学校管理何尝不是为了构建一个方圆相融的境界。

基于中华优秀传统文化在育人过程中的时代价值，基于对球类运动文化的哲学思辨，李小田校长在坑口小学主张传承中华优秀传统文化之"圆"文化，并以此形成一套完善的"圆满教育——以圆运动文化成就完整的人"办学思想体系。通过学校理念文化的系统构建及实践，优化"制度、教师、课程、环境"等四大育人载体，用科学的方法论努力创建"充满生命活力新样态学校"，这本书详尽地阐释了李小田校长"圆满教育"的理念，叙述了"圆满教育"的实践。"圆满教育"充满了生命活力。

是为序。

广州教育学会会长　吴强

2022年5月8日

目　录

上 编 "圆满教育"理念

第一章 中华优秀传统文化之"圆"文化

第一节 中华文化之"圆"

中华文化博大精深，它几乎涵盖了生活的方方面面。著名学者殷海光在《中国文化的展望》一书中说："文化的实有内容太复杂了，已复杂到目前的语言技术不能以有数的确定的表达方式来提挈的程度。"[1]但是，若转换一种思维，在中华优秀传统文化中找到一个浓缩的"点"来诠释，这个"点"，可以选定为"圆"。

一、"天圆地方"说

《说文》中言："圆，全也。"《吕氏春秋·审时》中说："圆乃丰满也。"《康熙字典》解释："圆即圆满、周全、完备。"但是，"圆"时常不是单一存在的，它与"方"如影随形。

我们的祖先是极具智慧的。他们通过观察天与地，了解人和自然，提出了"天圆地方"的观点。因此，古人提出了"圆而神，方以智"的理论。在这个理论中，"圆"指为人处世中的"通、活、融、满"之意，"神"指"神、通、广、大"的宇宙观。"天圆地方"是中华祖先对宇宙的解读。

---

[1]殷海光.中国文化的展望[M].北京：商务印书馆，2011.

二、传统文化与"圆"

中华传统文化注重和谐与中庸，这正与"圆"相关。《周易·系辞下》主张"天下百虑而一致，殊途而同归"，《论语》则明确地提出"君子和而不同，小人同而不和"的观点，即中华传统文化承认事物的多样性，以旷达的胸襟、博大的胸怀去吸收融合一切有价值的东西，为我所用。

中华传统文化强调"和而不同""中行无咎"，以"中"为度，把中庸之道作为人格完善的标准和处事行为的准则。《礼记·中庸》中说"极高明而道中庸"，"中庸"主张调和与平衡，反对走极端。因此，中国人做事往往求同存异，讲究和谐稳定。这，正如一个个的"圆"写在我们的心中。

基于"圆"的特性，中华传统文化呈现出如下特点：

一是稳定性。

中华传统文化生长于内陆环境，东、南面临大海，西部背靠高山，北部大漠的特殊地理环境，使之形成了一个自然的封闭的生存体系。因而，其显现的文化处于一种自我保护、相对稳定的状态。中华传统文化的这种稳定性很大程度上是围绕"圆心"运转的结果。[1]正如中国古代的中庸之道，主张调和与平衡，提倡择两用中，追求稳定的人事，很大程度上保证了传统文化发展的稳定。尤为重要的是，以儒道为核心的文化传统保证了中华文化的稳定性，并不断吸纳外来优秀文化。千百年来，朝代更替，社会变迁，中华传统文化的内核始终没有改变，并且随着时代发展不断扩展、延伸内涵。

二是融合性。

中国古代思想家提倡"万物并育而不相害，道并行而不相悖"（见《礼记·中庸》），并以此作为文化发展的理想境界。《周易·大传》中"地势坤，君子以厚德载物"高度概括了中华传统文化包容会通的精神。在应对外来文化时，中华传统文化展现出海纳百川、有容乃大的气概，以及强烈的内聚力和消融性。

中华传统文化因其百花齐放、广收并蓄，具有旺盛的生命力和融合性。这种文化的融合性，不仅体现在文化内部的融合发展，还体现在对外来文化的吸收。春秋战国时曾百家争鸣，而秦统一之后关中文化与齐鲁文化、楚文化的融合，就是文化融合发展的典型。这样，中华传统文化既保存了文化的民族性与基础组成部分，又吸收了外来文化的优秀成果，从而不断丰富和发展，经久不衰，傲视寰宇。

---

[1] 王会昌. 中国文化地理［M］. 2版. 武汉：华中师范大学出版社，2010.

三是延续性。

中华文明是世界上最古老的文明之一。世界文明，如尼罗河文明、两河流域文明、印度河文明或爱琴海文明，都是断断续续发展的，始终在中断与再发展中循环反复。在所有古老的文明中，只有中华文明从未间断，绵延不绝，于起伏跌宕之间持续发展。中华文化圆形运转的发展模式能自我保护、兼容并蓄，使中华文化的发展不断延续，其基本精神没有发生断裂。即便多次遭遇"北方民族"融入，中华文化仍然持续发展。中华文化强大的消融性和同化力，使"征服者反被征服"。由此可见中华文化具有延续性。

基于"圆"的特征，中华传统文化具有稳定性、融合性、延续性的特点，始终展现出旺盛的生命力，这就是中国的"圆"文化。面对当今世界纷繁复杂的社会变化和文化冲击，如"圆"的中国文化能凭借其独特的内涵和发展模式，不断自我调整、自我完善，与时俱进，定能在人类文明发展史上再创辉煌。

三、文化中的"圆"

每个中国人心中都有一个"圆"。自然界和生活中，"圆"无处不在。"圆"，早已融入传统文化中。

"圆"大多与"方"相伴相随。

纵观自然界，所见到的圆形物体，都具有好动、不稳定的特点，正如圆圆的日月一般；而凡是方形的物体，都具有静止、稳定的特点，正如静静的大地一样。动则为阳，静则为阴。所以，"天圆"就成了阳的象征，代表一切积极、主动的事物；"地方"就成了阴的象征，代表一切消极、被动的事物。[1]

中国传统的建筑，是讲究天圆地方的。著名的北京天坛和地坛就是典型的代表。天坛是圆形的，地坛是方形的。苏州园林是有智慧的，大量地运用了"圆"与"方"的穿插。即使是普通百姓家，如果有小小的方形院子，大概就会在院子中修建一个圆形的水池，或者在两个小院子中间加上一道圆形的月亮门。这种建筑，以北京四合院为代表，那圆圆的"洞门"，既可作为院与院之间的出入通道，又可透过门洞引入另一侧的景观，兼具实用性与装饰性。同样体现这种内涵的还有花窗。花窗是园林建筑中窗的一种美化形式，圆形窗洞通过框子，借窗外景色将室内空间延伸，亦体现了"圆"的无限性。古代文人都喜欢对着窗外的景色思绪万千，寄情无数。现代设计中也常使用"圆"。"圆"不止用于室外，更

---

[1] 韩伟.《吕氏春秋》的政治伦理思想研究 [D]. 石家庄：河北师范大学，2010：35.

运用于室内的屏风、隔断等设计。浓浓的中式风格背后，一个个的"圆"，体现的也是对"圆融、圆满"精神的传承。因为"圆"，让家居有了中国的味道。

生活中的各种器物，也常是一个又一个的"圆"。锅碗瓢盆很少不是圆形的，圆的运用无处不在。一只青瓷圆碗，花纹美丽而独特，充满诗情画意。那古色古香的茶具，通体圆润的壶身，满腹瑞气，沏一壶浓茶，开启心中的中国情。夏日里，手摇圆扇，清风徐来，是最娴雅文静的姿态。圆轮的自行车等交通工具，既方便又实用。面对着圆圆的镜子，看着镜子里淡妆浓抹总相宜的人，谁不是最美的自己呢？

人有悲欢离合，月有阴晴圆缺。月圆时是人思念最饱满的时刻，"但愿人长久，千里共婵娟"，这是美好的祝愿。古代文人写下了"圆"的美好与美妙。朱敦儒在《临江仙》中写"月解重圆星解聚，如何不见人归"，张先在《木兰花》中写"人意更怜花月满，花好月圆人又散"，苏轼在《水调歌头》中写"不应有恨，何事长向别时圆"，周紫芝在《江城子》中写"怎得人如天上月，虽暂缺，有时圆"，韦应物在《寄李儋元锡》中写"闻道欲来相问讯，西楼望月几回圆"，李白《月下独酌》则写"举杯邀明月，对影成三人"……诗句里，"圆"成了"圆月"，成为思乡、惜别、团圆、盼归的寄托。我们总是向往着，月圆则团圆，梦圆则成真，圆满则完整。

我们的人生就像是一个画圆的过程。我们的梦想或者目标就像圆心，有了明确的目标，我们才会有生活的动力和方向。我们每个人的天赋和能力就像圆的半径，半径有长短，圆就有了大小。我们每个人，都应努力画好自己的圆！

"圆"，是中华传统文化中一个内涵丰富的词，它不仅是一个汉字，它还是一道曲线、一个景象，它更是一则寓言、一个哲理、一个故事、一份情感……

四、"圆"的文化意义

1. 圆融

古人认为"天人合一"。圆为天道，亦为人道。道家观点认为万事万物都是从无到有，而且和天地间的能量变化有着密切的关系。"圆"的审美和哲学意味，不仅带来赏心悦目的圆润之美，也渗透到了中国人的思想之中，即"圆融"处世，心性上圆融才能通达。

圆，既是具体的又是抽象的。说它具体，是因为在现实世界里它是一个圆圈。说它抽象，是因为在我们的意识世界里它代表着圆润、圆满和丰盈。

"圆满"，浸透着古代先民最朴素的哲学，圆则满，满则圆，心有圆满便安宁不争，便以和为贵，便能取道中庸，便不会因极端而失衡了。

2. 规则

《孟子·离娄上》中说："离娄之明，公输子之巧，不以规矩，不能成方圆。""方圆"指代规矩，"圆"体现出规则的重要性。国家的治理必须有法可依，国际的交往必须建立公正的外交秩序；公民在社会生活、生产中，必须在法律框架内参与各种社会事务活动。圆规范做人准则，表达一种对自己严格对他人宽容的风范，并且以礼相待，以理服人，团结一切可以团结的人，不迁就，不逢迎。[1]

3. 团圆

人们在追求与自然、社会相协调的过程中，对"团圆"有着信仰似的追求与偏爱。无论过去还是现在，身在异国他乡的游子一定要克服种种困难赶回家乡，和亲人们一起欢度中秋节和春节。对"团圆"的追求不仅表现在人们的日常生活中，也表现在反映生活的文艺作品之中，如中国古典小说中"团圆"抹去了现实生活中尖锐的矛盾和冲突，让生活更平衡、和谐。[2]

4. 完美

我们的人生，就是一个不断追"圆"的过程。

人不可能完美，但可以追求完美。完美根本不在结局，而在于追求的过程。人生的完美，在于追求完美的过程，那是一种近于完美的意境。

追求完美，永不满足。我们一直在追求圆满的路上。

---

[1]孔令兵. 浅谈圆的文化 [J]. 科技资讯，2006（2）：132-133.

[2]高杨. 中国古典小说的"团圆"之趣与传统文化 [J]. 现代语文（文学研究），2011（2）：106-107.

第二节 "圆运动"文化与育人哲学

中华传统"圆"文化，已经渗透到我们生活的方方面面，包括体育运动。体育运动中的球类运动，大多以"圆形"球体呈现，呈现出"圆形"球类运动文化。"圆形"球类运动文化与"圆"文化相遇、融合，形成极有特色的"圆运动"文化。

"圆运动"文化，基于对"圆"的认知，表现了"圆文化"育人的哲学内涵。

一、从审美观看，"圆运动"文化是中国美学的主要表现

《周易·系辞上》第十一章中说，"蓍之德圆而神"。从形式上看，"圆"在中国人眼里被看成均匀、美好的形状，是一种十全十美、没有丝毫缺损的状态，中国古代太极之说将"圆"上升到哲学的高度；古希腊毕达哥拉斯学派则认为"一切立体图形中最美的是球体，一切平面图形中最美的是圆形"。从内容上看，以"圆"为美的审美模式充分体现在中国古代球类运动中。如宋代蹴鞠（时称"筑球"），踢球的形式圆曲相照、阴阳相生。比赛分两队，即左军、右军，"左军先以球团转众，小筑数遭，有一对次球头，小筑数下，待其端正，即供球与球头，打大膁过球门，右军承得球，复团转众"。[1]这就是说，在射门之前，球要在全队之间踢一圆圈，再射门。这是古代球类运动中一种以"圆"为核心的、"求全"的审美特征的集中表现。

二、从宇宙观看，"圆运动"文化是中国智慧的哲学表达

古代中国的"天圆地方"之说，是古人对时间与空间关系的阐释，是对宇宙的朴素认识。东汉李尤的《鞠域铭》写道："圆鞠方墙，仿象阴阳；发月衡对，二六相当。"[2]圆鞠运动作为文化的空间载体充分体现着中华民族特有的动与静、阴与阳，既对立又统一的哲学理念，表达着儒家文化对宇宙、人类社会的朴素认识和探索。

三、从生存观看，"圆运动"文化是中国精妙处世之哲学

李尤的《鞠域铭》要说是为蹴鞠写的文章，倒不如说是对"圆"文化的阐

---

[1] 李合群.《东京梦华录》注解［M］.北京：中国建筑工业出版社，2013.

[2] 贾顺成.我国古代的蹴鞠运动［J］.渭南师专学报，1992（3）：82-87，96.

释[1]。李尤能在汉和帝、汉顺帝两朝为官，当然与他把中庸之道的意识贯穿到为人处事中有关。翻开中国古代体育史，我们可以看到，各种"圆运动"，特别是太极拳运动把古典哲学中的阴阳辩证思想和中庸谦和的处世之道融入其中，折射儒家的以圆和、圆融来化民、化物的"圆"文化精神内核。

四、从价值观看，"圆运动"文化是中国精神的形象表述

从价值观看，"圆运动"文化是中国精神的形象表述。其一，当今世界的球类运动中，无论是足球、排球还是篮球或乒乓球等，都必须制定标准，如足球的规格大小，球场的面积，球员的人数，比赛的时间，等等，无不体现公正、有序、文明的社会核心价值观。其二，生命的最高境界常与成功联系在一起，说事情完满为"圆成"，实现理想叫"圆梦"。"圆运动"文化育人的目标就是对生命最高境界的追求，实现每个人的梦想。

五、从生命观看，"圆运动"文化是中国生命之源

从生命观看，"圆运动"文化是中国生命之源。就"生命之源"的角度看，老子说："道生一，一生二，二生三，三生万物。"[2]即万物归于一，以一生万，乘万为一。老子的"道""一"在易学中又称"太极"，太极乃万物化生之源。"太极，大圆者也。"太极何以为大圆之体？中国哲学把混沌无形之气视为圆，圆代表无形。"圆运动"之一——太极乃体气充凝，运转不息；太极之圆为天地大本、万物之宗府，蕴含一切生命之源的精神。

就"转动之性"的角度看，转动是圆的基本特性，"天圆则动，地方则静，动静相宜，成一生命整体"。圆以动为性，动是天道的永恒特性。曹植《名都篇》因有"连骑击鞠壤，巧捷惟万端"，"万端"就是形容击鞠变化无穷。现代足球、乒乓球等球场竞技无数回合的攻防转换，无不体现生命运转不息的生命观。

奥运五圆环是世界各国运动员更快、更高、更强的奥林匹克精神追求，是每个运动员力争达到的生命最高境界的追求。任何一项"圆运动"无不体现对"圆满"境界的追求。

---

[1] 王俊奇.圆文化与东西方球类运动发展差异[J].体育文化导刊，2008（12），28-30.
[2] 老子道德经注校释[M].王弼，注.楼宇烈，校释.北京：中华书局，2008：27.

第二章　"圆"文化与学校教育特色

国家大力鼓励基础教育学校办出特色。《国家中长期教育改革和发展规划纲要（2010—2020年）》把提高质量作为教育改革发展的核心任务。其中，树立科学的教育质量观，要把促进人的全面发展、适应社会需要作为衡量教育质量的根本标准。树立以提高质量为核心的教育发展观，注重教育内涵发展，鼓励学校尤其是基础教育学校办出特色、办出水平，出名师，育英才。

第一节　精准定位，厘定学校发展战略主题

学校发展，应该有自己的方向，有自己的定位。这就是厘定学校发展战略主题的意义。我们要树立办学旗帜，思考扛怎样的"旗"和往哪里扛的问题；我们要确立学校发展方向，思考是传统还是现代的问题；我们要明确教育主张，没有思想就没有灵魂；我们还要规定发展内容，要针对学校特点选定特色课程。

一、学校发展战略分析

要定位学校发展战略，首先得进行战略分析，认识自我。学校战略分析是指对特定的战略时期学校内外条件的综合调查、评价和预测，主要包括宏观环境分析、中观环境分析和微观环境分析。

1. 基本思路

学校发展战略分析的基本思路：发挥优势因素，克服弱点因素，利用机会因素，化解威胁因素；考虑过去，立足当前，着眼未来；将排列与考虑的各种环境因素相互匹配组合，得出一系列学校未来发展的可选择对策。

2. 分析方法

把外部环境与内部资源统一起来的整合分析，也叫SWOT（S即strengths，优势；W即weaknesses，劣势；O即opportunities，机遇；T即threats，威胁）分析。[1]

SWOT分析法如图2-1所示。

---

[1] 闫德明. 学校品牌的涵义、特性及其创建思路 [J]. 教育研究，2006（8）：81-83.

图2-1 SWOT分析

S（优势）——能使学校获得发展，具有强大竞争力并有利于实现学校发展目标的积极内部因素或特征。如历史积淀、优良传统、充足资金、良好声誉等。

W（劣势）——阻碍学校发展，对学校发展不利的、消极的内部因素。如师资力量薄弱、缺乏核心价值观、发展目标不明确、制度不完善等。

O（机会）——有利于学校实现或超越自身发展目标的外部积极因素。如社区环境改善、生源更新、国家政策支持等。

T（威胁）——对学校发展不利的、消极的外部因素。如生源减少、师资流失等。

以上四大因素，也可随机组合，形成不同特色。如表2-1。

表2-1 整合分析

整合分析	内部资源优势（S）	内部资源劣势（W）
外部环境机遇（O）	增长型战略（SO）	扭转型战略（WO）
外部环境威胁（T）	多种经营型战略（ST）	防御型战略（WT）

二、学校发展战略主题厘定

学校发展战略主题，可以从教育的主体、内容、手段等三要素来思考；可以从学生发展的角度，也可从教师的角度来思考；既可从德育、课程、教学、管理、环境的角度，也可从学校文化和历史的角度，还可从教育教学方法、手段、策略的角度来思考。凡是符合教育内容要求、教育规律，有助于教育的改革创新和发展的，均可选来作为学校发展的切入口和突破口，并提炼成相关的主题。其关系如图2-2。

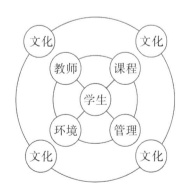

图2-2 学校发展战略主题思考角度

学校发展战略主题厘定包括以下内容：育人目标、育人课程、育人的人、育人环境、育人管理、育人文化。

1. 育人目标

常见的育人目标有以下特色：

"四个学会"：学会做人、学会学习、学会生活、学会创造。

合格教育：培养合格的现代公民。

格健教育：培养健壮体格、健全人格的人。

励志教育：培养好人。

正直教育：培养站直了的中国人。

2. 育人课程

育人课程一般包括德育、智育、体育、美育、劳育、信息、科技等课程。

3. 育人的人

育人的人包括以下对象：

校长：应该有自己独特的思想，如典雅教育、新民教育、本善教育、责任教育、根本教育、润泽教育、生长教育等。

教师：应该有自己的教学专长与特长。

家长：力求有特长与技术。

专家：有自己独到的理论观点与实践经验。

4. 育人环境

育人环境包括校外环境和校内环境。

5. 育人管理

育人管理方面，大致有以下特点：

办学体制：大胆创新，独树一帜。

组织结构：职能重组，理顺权责。

团队建设：措施得力，效果显著。

管理常规：科学性、实效性强。

特定的组织文化：氛围浓，感染至深。

6. 育人文化

学校教育就是传承、选择和创造文化。育人文化可以是内生，可以是衍生，还可以是外生。

敬重学校的历史文化。每所学校在办学过程中，都有不同于其他学校的历史，在历史的长河中必将积淀并衍生出属于自己的、深厚的学校文化。

关注学校的社区文化。可以进行文化借鉴，如上海市闵行区平南小学"零缺陷"质量管理文化，可融入自身的育人文化中。

新时代的教育，也主张多元文化并存的多重选择。

三、发展主题定位基本原则

提炼与表达学校文化，应遵循"科学性、系统性、系列性、实操性、独特性"五个原则[1]，厘定学校的战略发展主题同样要遵循这五项原则。

1. 科学性

科学性指要遵循客观规律和遵守有关政策法规，任何违反客观规律或政策的东西都是不允许的。科学性的发展主题定位是基于学校传统、理论政策、现实将来的，才能做到不狭、不高、不偏、不虚。

例如广州市荔湾区康有为纪念小学，深深发掘清代著名学者、维新变法运动领袖康有为幼年读书的"小蓬仙馆"书院文化，厘定"有为教育"的发展主题，从而确定办学理念体系，打造有为学校，锻造有为之师，培养有为学子。"有为"是指具有良好素质的人努力进取，发挥自身的才能，达到有所作为，有所建树。"有为教育"就是让在学校的所有人在自身原有的品德、学识、技能等方面，通过在学校工作、学习过程中能得到提高，并在提高的过程中体验到提高、收获的愉悦，是在学校所有人的学习生活、工作价值、个人发展的价值不断提升。在有为教育的理念指引下该校建构可操作性的有为课堂教学模式。该校厘定的"有为教育"发展主题具备科学性。

2. 系统性

一个学校历经无论是短时间还是长时间的发展，一定会形成校本文化，这种文化是内生的文化。系统性就是从多角度、多维度、多层度，通过SWOT分析，对学校发展状况作自我诊断，构建学校理念文化的系统，推动学校发展。

比如创建于1949年的广州市荔湾区流花路小学，位于风景秀丽清雅的流花湖畔。该校根据地域文化，通过系统性分析其发展状况，明确内生文化，提出"书韵教育"为学校战略发展主题，倡导读书立德，读书益智，读书育美，读书养心，将阅读作为一种终身学习的理念、主观能动的方法、拓展知识的工具、可持

---

[1] 李伟成. 对当前特色学校建设几个问题的看法：以广州市中小学为例[J]. 课程教学研究，2016（2）：22-26，31.

续成长的良好习惯，培养师生全方面素养的和谐发展，成为有益于社会建设、成就自身发展，深得书中韵致的人。通过阅读，培养具有广博学识、自信和思辨精神特质的学子。

3. 系列性

系列性是指校训、校风、教风、学风、育人目标、课程体系等相关元素要保持和学校发展战略主题一致。这些相关元素是学校发展战略主题在各个元素全方位的体现、渗透。

2018年5月7日到5月11日，我在绍兴市越城区柯灵小学开启了为期一周的短暂却意义深远的挂职研修之旅。在"灵育"办学发展主题指引下，柯灵小学构建"K+X"的课程体系，即基础性课程群和拓展性课程群。基础性的校本主色K课程群"四灵"课程有灵悦、灵慧、灵健、灵雅系列，横向拓展为四大板块，分别对应"德育求灵悦，智育求灵慧，体劳展灵健，美育呈灵雅"。拓展性的校本彩色X课程群形式多样、内容丰富，如心灵手巧生活课程、通真达灵百团课程、越走悦灵行走课程、钟灵毓秀免考生课程、地灵人杰足球课程、慧心灵性合唱课程、心有灵犀铜管课程等。柯灵小学以国家课程为内核，对课堂进行变革，打造"思辨课堂"，课程实施形态多样：长短课、大小课、周课程、月课程、学期课程、跨学科、多学期。以拓展性的校本彩色"X+"课程为外延，发展了学校的特色，培养了学生的特长。课程体系的价值指向直指学校"思辨求真知，明志做真人"的办学理念和"敬、善、勤、辨、灵"五字校训，通过灵育课程培育有灵气的人。

4. 实操性

学校发展战略主题要立得起、用得上、传得开。战略发展主题可以指引学校进行教育教学实践，这叫实操性。学校发展战略主题一经确定就要组织全校教职员工深入学习。更为重要的是，学校战略发展主题不要成为挂在墙上、说在嘴上的一纸空文，要成为学校课堂教学模式的指导思想，教师发展方式的指引方向，学校管理形式的指导规则。

例如广州市荔湾区文昌小学在厘定学校战略发展主题的时候，深入考量学校所在的文化环境，重视并发掘本土文化的育人价值，确立了"文道教育"的战略主题，走内涵式发展之路，一方面树立"文道教育"文化熏陶育人的功能，另一方面形成学校内涵建设和特色发展的办学品牌。"文道教育"反映出该校领导班子的为人之道，以厚道的处事方式、正直无私的品行影响学校师生。该校制订切实可行又人性化的管理制度，明确工作责任，落实工作措施，各级人员主动实践完成。建立党支部领导下的校长负责制，行政事务由校长负总责，教务处等齐抓共管，班主任任课，教师全员参与，将学校治理做到深入人心。因此，该校的发展主题具备科学性。

5. 独特性

独特性是一种原创性，即人无我有、人有我优、人优我精、人精我妙，让学校的文化成为特色项目，成为学校特色，让学校成为特色学校，成为品牌学校。

广州市荔湾区鸿图苑小学是广州市反腐倡廉教育示范基地、广州市法治文化建设示范点，校园的东面和操场的中轴线上，种了两棵高大的红棉树。多年来该校把反腐倡廉教育融入学校教育教学活动，并不断创新教育载体、活动方式，承办面向全区师生的冠名活动——"红棉杯"廉洁教育文化竞赛，产生了较大的社会效应，至今已经接待了100多个单位、三万多人次前来参观学习。该校坚持"反腐倡廉教育"活动，形成了"鸿图教育"这一战略发展主题，旨在"红棉树正气，鸿图导人生"的核心理念指引下培养有凌云志的新时代小先锋。因此该校的发展主题体现出独特性。

第二节 "办学活力"，转化为学生成长活力

"圆运动"文化的特点之一是"转动"的、有"活力"的。足球、乒乓球等球场竞技中，无数回合的攻防转换体现着生命运转不息、极具活力的特性。学生的成长需要活力，办学发展需要活力。要将办学活力转化为学生的成长活力。

2020年9月，教育部等8部委联合印发《关于进一步激发中小学办学活力的若干意见》（以下简称《意见》），是教育领域深化"放管服"改革在中小学的重要举措，是推进中小学治理现代化的行动指南，是推动中小学全面提高质量的重要制度设计。

《意见》从保障学校办学自主权、增强学校办学内生动力、提升办学支撑保障能力、健全办学管理机制4个方面出台了18条具体举措，为中小学"松绑减压"做出了顶层设计，为推动校长潜心办学治校、教师静心教书育人、学生全面而有个性的发展提供了政策环境。

贯彻落实好《意见》精神，激发中小学办学活力，加快推进中小学治理现代化，对于推动中小学教育全面提高育人质量具有重要意义。

一、理性认识《意见》四大举措

1. 保障学校办学自主权

（1）保证教育教学自主权

强化学校课程实施主体责任，严格落实国家课程方案和课程标准，结合实际科学构建基于学校办学理念和特色的校本课程。学校在遵循学科教学基本要求基础上，可实行"五自主"策略，即自主安排教学计划、自主运用教学方式、自主组织研训活动、自主实施教学评价。对于学科间关联性较强的学习内容，可自主统筹实施跨学科综合性主题教学。

充分发挥教师课堂教学改革主体作用，鼓励教师大胆创新，改进教育教学方法，开展丰富多彩的教育教学活动，积极探索符合学科特点、时代要求和学生成长规律的教育教学模式。

严格执行校规校纪，保障学校和教师对学生的教育管理工作。尊重和保障学生在学习中自主进行选择、参与、表达、思考和实践。

严格规范各类"进校园"专题教育活动，有效排除对学校正常教育教学秩序的干扰因素。

（2）扩大人事工作自主权

加大学校行政领导人员聘任制推行力度，进一步扩大学校在副校长聘任中的参与权和选择权，鼓励地方积极探索由学校按规定的条件和程序提名、考察、聘任副校长，并报上级主管部门备案。

学校根据办学实际需要，按照精简效能的原则，自主设置内设机构，自主择优选聘中层管理人员。

完善教师"县管校聘"具体实施办法，充分尊重和发挥学校在教师公开招聘工作中的重要作用，学校依据核定的编制、岗位数量及岗位结构比例和教育教学需要，提出教师招聘需求和岗位条件，并全程参与面试、考察和拟聘人员确定。

鼓励地方探索在学校先行面试的基础上组织招聘；对具备条件的学校，可放权由其自主按规定组织公开招聘，并按要求备案。

按照核定的岗位设置方案，中初级职称和岗位由具备条件的学校依据标准自主评聘，高级职称和岗位按照管理权限由学校推荐或聘用，并依据教师的工作表现和实际业绩，推动教师岗位能上能下、人员能进能出的机制建设。

奖励性绩效工资由学校在考核的基础上自主分配，充分发挥绩效工资的激励功能。

（3）落实经费使用自主权

学校按照预算管理有关规定和学校发展实际需要，自主提出年度预算建议，自主执行批准的预算项目，对预算资金进行全过程绩效管理。

完善学校公用经费使用管理办法，加大学校经费使用自主权，优先保障教育教学需要，确保学校有效使用、正常运转。学校依法依规自主使用社会捐资助学的经费。

2. 增强学校办学内生动力

（1）强化评价导向作用

建立健全以发展素质教育为导向的学校办学质量评价体系，强化过程性和发展性评价，更加注重评价学校提高办学质量的实际成效，并作为对学校核定绩效工资总量、对校长和教师实施考核表彰的重要依据，引导和促进学校持续改进提高办学水平。

各地要树立正确的政绩观和科学的教育质量观，不得以中考和高考成绩或升学率片面评价学校、校长和教师，坚决克服"唯升学""唯分数"的倾向。

（2）强化校内激励作用

注重精神荣誉激励，积极开展优秀教师、教学能手、师德标兵和优秀教学团队等评选活动，充分展示教师的突出表现。

强化专业发展激励，鼓励和保障教师参加培训、教研、学术研究等活动，及时帮助教师解决教育教学问题，提高教育教学能力，促进教师专业成长。

完善岗位晋升激励，切实落实教师岗位职责，把师德表现和教育教学实绩作为岗位晋升的重要依据。

健全绩效工资激励，完善学校绩效工资分配办法，向教育教学实绩突出的一线教师和班主任倾斜。

突出关心爱护激励，坚持把解决思想问题与实际问题相结合，加强思想政治工作和人文关怀，增强教师职业荣誉感和幸福感。

（3）强化学校文化引领作用

坚持以社会主义核心价值观为引领，大力构建积极向上、奋发有为、团结和谐、富有特色的学校文化，注重创建学校党建工作品牌，在师生中深入开展"一训三风"（校训，校风、教风、学风）征集提炼、培育弘扬活动，创作设计富有文化内涵、时代特征和学校特色的校歌、校徽、校旗，以科学正确的办学理念，凝聚广大师生的价值追求和共同愿景。

加强校园绿化、美化和人文环境建设，深入开展校园文化活动，增强学校文化的感染力、凝聚力。

（4）强化优质学校带动作用

深入推进学校办学机制改革，积极推进集团化办学、学区化治理，统筹学校间干部配备，推动优秀教师交流，完善联合教研制度，带动薄弱学校提高管理水平，深化教学改革，增强内生动力，促进新优质学校成长，不断扩大优质教育资源，提高学校整体办学质量。

完善集团化办学机制，加大场地设施资源和优质课程教学资源的统筹力度，帮扶薄弱学校和农村学校提高办学水平。

完善学区治理体系，科学规划学校布局，合理划分学区范围，统筹学区资源，促进学区内学校优质均衡发展。

加快推进基础教育信息化，积极开发优质学校名师网络课程、专题课堂资源，促进优质教育资源共享。对发挥带动辐射作用突出的学校，应给予政策支持和奖励。

3. 提升办学支撑保障能力

（1）注重选优配好校长

各地要把选配好、培养好校长作为重要政治责任和激发办学活力的关键因素，加大校长培养培训力度，加快推进校长职级制改革，制订校长职级制实施办法，按照中小学校领导人员管理有关办法，严格落实校长任职条件和专业标准，规范校长选任程序，充分发挥教育部门党组织在校长选任中的重要作用，努力造就一支政治过硬、品德高尚、业务精湛、治校有方的高素质专业化校长队伍。

完善校长考核管理与激励机制，鼓励校长勇于改革创新，不断推进教育家办学治校。

（2）注重加强条件保障

要依法依规优先保障学校基础设施、经费投入、教职工配备等教育教学基本需求；根据经济社会发展水平和财力状况，逐步健全生均公用经费、编制动态调整机制，切实解决学校办学的后顾之忧。

要建立健全办学激励机制，加大优秀教师表彰宣传力度，新增绩效工资总量主要用于奖励性绩效工资分配，进一步提高奖励性绩效工资在绩效工资总量中的占比，核定时向提高办学质量成效显著的学校倾斜；对具有高级职称、坚持在教学一线工作至退休且教学业绩突出的教师，尤其是长期在艰苦边远地区工作的乡村教师，要加大荣誉表彰和物质奖励力度，促进优秀教师长期从教、终身从教。

（3）注重拓展社会资源

各地要加强与社会有关方面合作，建立相对稳定的研学实践、劳动教育和科普教育基地，打造中小学生社会实践大课堂，免费或优惠向学生开放，充分发挥各类公共文化设施和科技场馆重要育人作用。

通过政府投入、政策支持、社会参与等多种方式，按照国家有关规定多渠道筹措经费，确保中小学生社会实践正常开展。

推动少年儿童优秀文化产品繁荣健康发展，面向社会遴选一批、组织专家创作一批、突出重点培育一批优秀图书、歌曲、影视、动漫等文化精品，积极组织时代楷模、名师大家等定期进校园开展教育活动，丰富少年儿童精神文化生活。

4. 健全办学管理机制

（1）完善宏观管理

依法依规明确党和政府对学校的管理事项，充分发挥教育督导机构作用，对学校落实国家课程方案和课程标准、规范使用教材、遵循学科教学基本要求、健全学校重大决策制度、加强师德师风建设、规范办学行为等方面的工作，要加强督导落实，强化监督管理，保障学校正确办学方向。

要更多采取事中事后监管方式，针对不同学段、不同规模学校的实际情况，依据学校办学水平和管理能力，注重加强分类管理，实施精准定向赋权，构建差异化的监管方式。

（2）完善内部治理

坚持科学决策、民主决策、依法决策。

学校发展规划、重要改革、安全稳定等重大事项和涉及师生员工切身利益的重要问题，由学校党政领导班子集体研究决定，并充分听取广大师生的意见，主动接受监督。

党组织要强化政治功能，加强对重大事项、重要问题的政治把关。加强学校基层党组织和党员队伍建设，充分发挥党组织战斗堡垒作用和党员先锋模范作用；强化党建带团建、队建，加强学校党组织对共青团、少先队工作的具体领导和支持保障。

学校要认真落实教职工代表大会或教职工全体会议制度，对学校重要工作进行审议、听取意见。学校要建立家长委员会，每学期至少召开1次家长委员会会议，家长委员会要积极配合学校做好教育教学工作，完善家校协同育人机制。

加快推进学校章程建设，完善各项规章制度，增强自主管理、自我约束能力。

（3）完善社会监督

建立健全学校办学信息公开制度，主动公开课程设置、教学安排、招生入学、收费项目及标准等信息，保证学生家长及社会公众对学校重要事项的知情权。

建立学校与社区沟通联系制度，及时听取社区和人大代表、政协委员等各方面人士对学校工作的意见、建议。

二、学生有活力，学校才有活力

《国家中长期教育改革与发展规划纲要（2010—2020年）》在谈到教育体制机制改革时明确提出："进一步解放思想，更新观念，深化改革，提高教育开放水平，全面形成与社会主义市场经济体制和全面建设小康社会目标相适应的充满活力、富有效率、更加开放、有利于科学发展的教育体制机制，办出具有中国特色、世界水平的现代教育。"将"充满活力"作为教育体制机制改革的重要目标。在具体谈到学校办学体制改革时，其又强调指出，"深化公办学校办学体制改革，积极鼓励行业、企业等社会力量参与公办学校办学，扶持薄弱学校发展，扩大优质教育资源，增强办学活力，提高办学效益"，将"增强办学活力"作为公办学校体制改革的重要目标。由此可见，国家布局2010—2020年我国教育改革与发展任务时，就已经关注到"教育活力""办学活力"或"学校活力"问题，并将增强教育活力、办学活力或学校活力作为宏观教育体制机制改革和微观办学体制改革的重要目标。那什么才是真正的学校活力？学校领导班子有活力，学校就有活力吗？学校老师有活力，学校就有活力吗？

1. 激发学校活力终极目标是激发学生的活力

"学校活力"这个概念可以用来反映一个学校的健康状况。学校活力包括校长的活力、教师的活力以及学生的活力。校长的活力是指校长在履行学校管理任务时的活力状况，教师的活力是指教师在履行教育教学职责时的活力状况，学生的活力则是指学生完成学习和发展任务时的活力状况，它们三者共同存在于学校组织系统之内。其中，校长的活力是前提，是为了解放教师和学生的活力；教师的活力是关键，是为了解放学生的活力；而学生活力的激发和释放才是检验校长和教师活力状态的最终标准。只有当校长的活力、教师的活力和学生的活力都被激发出来，并且最终表现为学生积极的、自主的和可持续的学习与发展状态及成果的时候，这个学校才是真正充满活力的学校。[1]

激发学校办学活力，是要激发学校中每个人的活力，包括校长的活力、学校管理人员的活力、教师的活力、学生的活力，甚至家长的活力。那么，校园内外各类群体中，谁的活力最为重要？学校以育人为本，学生的活力是最为重要的。如果学生在受教育过程中没有活力，教育的结果也没有增加学生的活力，那么即使校长、教师、家长再有活力，他们的活力也失去了存在的合理性。学校办学活力的最终目标是增加学生的学习活力，即增加学生的主体性、积极性、主动性、创造性，尤其是增加学生的创造性。只有当学生充满活力、课堂充满生机时，学校办学才真正谈得上具有活力。[2]

2. 学生的活力主要表现为在课堂上充满生命的活力

传统的课堂，教师上课是执行教案的过程，教师的任务就是努力引导学生得出预设的答案，学生在课堂上实际扮演着配合老师完成教案的角色。这样的课堂师生话语权失衡、教学评价不灵活。这样的课堂缺乏灵气，缺乏生机，缺乏思维的灵动。传统的课堂之所以存在这样的缺陷，主要是课堂观念的问题，正如叶澜教授所说："这样的课堂把丰富复杂、变动不居的课堂教学过程简括为特殊的认识活动，把它从整体的生命活动中抽象隔离出来，是传统课堂教学观的最根本缺陷。"[3]为了改变这种状态，我们必须突破特殊认识活动论的传统框架，从更高的、生命的层次，用动态生成的观念，重新全面地认识课堂教学，构建新的课堂教学观。"生命观"的课堂就是要让课堂焕发出生命的活力，把课堂的时间、空间还给学生，把精神生命发展还给学生，让学生在课堂充满生命的活力。

学生在课堂上充满生命活力，才能在课堂上学得快乐、学得轻松，思维活跃，学得有成效。要让学生在课堂上充满生命活力，教师要引导学生参与学科探究活动，发现问题，让学生思维由低阶向高阶发展；需要教师在课堂教学实践过程中，让学生在做中学、体验中学、创造中学，锻炼学生解决问题的关键能力。

3. 如何激发学生的生命活力

《庄子·外篇》中曾讲过一个故事："昔者海鸟止于鲁郊，鲁侯御而觞之于庙，奏九韶以为乐，具太牢以为膳。鸟乃眩视忧悲，不敢食一脔，不敢饮一杯，三日而死。"庄子一言以蔽之："此以己养养鸟也，非以鸟养养鸟也。"这只

[1] 石中英. 学校活力的内涵和源泉 [J]. 河北师范大学学报（教育科学版），2017（2）：5-7.

[2] 褚宏启. 我们需要什么样的学校办学活力 [J]. 中小学管理，2021（1）：60-61.

[3] 叶澜. 让课堂焕发出生命力 [J]. 教师之友，2004（1）：49-53.

不幸的鸟虽然不愁吃不愁喝，但还是每日"眩视忧悲"，其中的原因就是爱它的鲁侯提供给它的并不是它所需要的，因此，它不仅整日没精打采，到最后还一命呜呼。

从以上的分析来说，无论是一般的动植物还是人类，要想充满活力，就必须生活在一个符合其本性的环境中，生物的本性及其所要求的适宜环境是其具有活力的源泉。如果一种环境违背了生物的本性，那么生活在这种环境中的生物就会缺乏活力以至于不能生存。[1]为此，学校的精神文化和物质文化等方面的价值取向都应该为学生的健康成长服务，要不断地增强学生的成长活力。特别是在观念上承认学生学习和发展的自主权，在实际行动上即教育教学过程中推进课堂教学、班级管理改革，还学生自主学习和发展的时空，将学生变成生命发展真正主体。

第三节 "球类文化"，凝聚学校文化真底色

时至今日，无论是乒乓球，还是足球、篮球，球类运动不只是一项游戏或竞技运动，它还拥有浓郁的球类文化。如足球世界杯，美国篮球职业联赛，中国篮球职业联赛，乒乓球世锦赛，美国棒球赛，等等。

球类运动文化的实践，显现出特有的"圆运动"文化，是对中华传统"圆"文化的美好传承。在"圆运动"文化理念的指引下，学校可以进行与教育紧密相连的教育教学系列实践活动。下面以广州市荔湾区坑口小学为例，阐述"圆运动"文化的学校实践。

坑口小学所在的坑口社区居民喜爱足球运动。社区有一个传统的习惯，连续20多年，每年都会开展为期一个多月的"国庆杯"足球联赛。足球联赛凝聚了人心，丰富了群众的生活，形成了健康的乡风民俗，激发了孩子们踢足球的兴趣。

坑口小学为了发展学生兴趣，培养孩子健全人格，早在1997年就引进了专业足球教师，组建了学校足球队。不仅如此，学校实行"足球进课堂"普及足球课，并且外聘多名专业足球教练常驻学校进行课堂教学，每班每周上1节足球课。学校每年举办体育节，开展年级、班级足球联赛。坑口小学足球队曾获"达能杯"全国青少年足球赛第六名，因此荔湾区中小学生足球比赛正式冠名为"坑

---

[1] 石中英. 学校活力的内涵和源泉［J］. 河北师范大学学报（教育科学版），2017（2）：5-7.

口杯"。学校足球课程的教育教学实践，社区浓郁的踢球氛围，在学校内外形成了一种自觉的"圆运动"文化，给学校立德树人打下了基础。

除了足球特色，坑口小学也注重乒乓球进校园。早在20世纪90年代，学校就开展了乒乓球课外训练。2014年开始，学校先后招聘两名专业乒乓球教师，让乒乓球教育走进课堂。经过多年的课堂普及与提高，坑口小学积淀了扎实的球类教育基础。

一门足球课程，一门乒乓球课程，践行着"圆运动"文化理念，擦亮了坑口小学的校园文化底色。

第四节 "圆满教育"，充满生命活力新样态

以"圆运动"文化理念为指引，坑口小学以培育"全面发展的人"为核心，提出了"圆满教育"理念，打造充满生命活力新样态的学校。

一、做一个"完整"的人

马克思说："以一种全面的方式……做一个完整的人，具有自己的全面本质。"[1]

蔡元培在《教育独立议》中提出："教育是帮助被教育的人，给他能发展自己的能力，完成他的人格，于人类文化上能尽一分子的责任。"[2]

日本教育家小原国芳认为，理想的教育应包含人类的全部文化，理想的人应是全人，应具备全部人类的文化，即培养真（学问）、善（道德）、美（艺术）、圣（信仰）、健（身体）、富（生活）全面发展的人。[3]

"圆满教育"理念，就是要把学生培养成"完整"的人，全面发展的人。

二、"全面发展的社会主义建设者和接班人"

党的二十大报告对"教育"指出了明确的方向："办好人民满意的教育。教育是国之大计、党之大计。培养什么人、怎样培养人、为谁培养人是教育的根本

---

[1] 中共中央马克思恩格斯列宁斯大林著作编译局. 马克思恩格斯全集：第1卷 [M]. 北京：人民出版社，1995：11，78-79.

[2] 高平叔. 蔡元培全集：第四卷 [M]. 北京：中华书局，1984：177.

[3] 毛玉华，孙华美. 小原国芳的全人教育思想述评 [J]. 重庆科技学院学报（社会科学版），2008（11）：190-191.

问题。育人的根本在于立德。全面贯彻党的教育方针，落实立德树人根本任务，培养德智体美劳全面发展的社会主义建设者和接班人。"其中，明确提出要"培养德智体美劳全面发展的社会主义建设者和接班人"这一目标。

基础教育，更要办成"人民满意的教育"，必须是更高质量的教育，必须深化改革创新。要贯彻落实党的二十大精神，坚持以人民为中心发展教育，加快建设高质量教育体系，发展素质教育，促进教育公平。深化教育领域综合改革，加强教材建设和管理，完善学校管理和教育评价体系，健全学校家庭社会育人机制。

办好人民满意的教育，要发展素质教育。"圆满教育"理念，就是要让学生在学校能够全面发展，德、智、体、美、劳缺一不可。要摒除只要学好语数外的思维，注重学生的全面发展，切实培养符合现代人才要求的学生。

三、中国学生发展核心素养体系中的"全面发展的人"

当下，我国教育聚焦培养学生发展核心素养的课程改革这一大事。中国学生发展核心素养以科学性、时代性和民族性为基本原则，从文化基础、自主发展、社会参与三个方面，综合表现为人文底蕴、科学精神、学会学习、健康生活、责任担当、实践创新六大素养，具体细化为国家认同等十八个基本要点，最终指向培养"全面发展的人"这一核心。如图2-3。

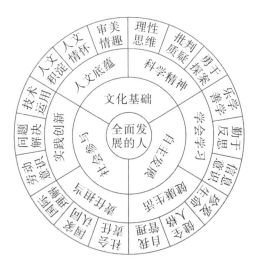

图2-3 中国学生发展核心素养指标体系

要培育"全面发展的人",必须办好"人民满意的教育",建设符合当下教育发展的新样态学校。2017年9月中共中央办公厅、国务院办公厅印发《关于深化教育体制机制改革的意见》,文中指出在培养学生基础知识和基本技能的过程中,要强化学生关键能力培养,即培养学生认知能力、合作能力、创新能力、职业能力。

中国教育科学研究院副院长陈如平指出,新样态学校应该去功利化,反对各种非科学、反教育的行为,突出有人性、有温度、有故事、有美感的特征。育人,是新样态学校的核心任务。我们需要重新审视学校中的"人",这个"人",是具体的人、完整的人、有血有肉的人、自我发展的人。

第三章 "圆满教育"内涵

坑口小学是一所全国校园足球特色学校，广州市传统体育项目（足球、乒乓球）学校，学校通过内生和衍生的球类运动课程文化链接中华优秀传统文化中的"圆"文化，提炼了"圆满教育"育人核心理念，并以此为主题构建起独特的育人价值系统，打造充满生命活力的新样态学校。

第一节 什么是"圆满教育"

《中华人民义务教育法》（2018年12月29日第十三届全国人民代表大会常务委员会第七次会议修改）第三十四条明确提出："教育教学工作应当符合教育规律和学生身心发展特点，面向全体学生，教书育人，将德育、智育、体育、美育等有机统一在教育教学活动中，注重培养学生独立思考能力、创新能力和实践能力，促进学生全面发展。"义务教育阶段，育人为本、全面发展是重要的理念。育人为本，强调以人为本，把重视人、理解人、尊重人、爱护人、提升和发展人的理念贯穿教育教学的全过程、全方位；全面发展，对受教育主体学生而言，是使学生的身心得到全面、协调、自由的发展。

球类文化可以看作是人类长期社会实践创造的一种"圆运动"文化，其主体对象是"圆形"球类，融合了"更快、精准、完美"等运动文化因素。中华优秀传统文化之"圆"文化，力求圆满，追求完美。球类文化、"圆运动"文化和"圆"文化是层层递进的，都体现着追求完美、追求全面发展的理念。由学校内生的球类运动文化以及对"圆运动"文化育人哲学的思辨，我提出"圆满教育"育人核心理念。

"圆满教育"，是基于"圆运动"文化哲学并由此形成独特的教育理念，具有以"全圆为美"的审美情趣、以"动圆为道"的思维方式、以"满圆为境"的价值观念。

"圆满教育"，建构以"圆融管理、圆润教师、圆整课程、圆通课堂、圆韵环境"为主体的育人价值系统。

"圆满教育"的最终目的，以"圆运动"文化成就追求完满（全面发展）的人为教育主张，力求通过"圆满教育"创建充满生命活力的新样态学校，培养追求完满的新时代少年。

第二节 "圆满教育"与文化

一、"圆满教育"实现了从实践自信到文化自信的转化

球类文化的实践凝聚学校办学理念的自信。学校足球教育实践传播了践行"圆满教育"办学理念的自信。办学实践的自信促成对传统文化的自信。球类文化可看作一种"圆运动"文化。从"圆运动"文化的精神层面看，这种文化基于对"圆"的认知，属于中华优秀传统文化。

从审美观看，"圆满教育"是中华优秀传统文化的传承。《周易·系辞上》第十一章中说，"蓍之德圆而神"。在形状上，"圆"在中国人眼里是均匀、美好的形状，是一种十全十美、没有丝毫缺损的状态，圆是中华民族的审美图腾，中国古代太极之说甚至将"圆"上升到哲学的高度。

翻开中国古代体育史可以看到，各种"圆运动"特别是太极拳运动，都把古典哲学中的阴阳辩证思想和中庸谦和的处世之道融入其中，无不折射出儒家以圆和之中和，以圆融之中庸来化民、化物的圆文化精神内核。阐释了儒家文化对宇宙、人类社会的朴素认识和探索。

奥运五圆环是世界各国运动员更快、更高、更强的奥林匹克精神追求，是每个运动员力争达到的生命最高境界的追求。篮球职业联赛、足球世界杯等，任何一项圆运动都无不体现着对圆满境界的追求。

社区、学校球类文化与中华优秀传统文化之"圆文化"一脉相承，"圆满教育"即由此形成，实现了从实践自信到文化自信的转化。

二、"圆满教育"符合新时代教育改革坚持文化自信的要求

"圆满教育"是贯彻新时代教育改革坚持文化自信的充分表现。习近平总书记在2016年教师节前，考察北京市八一学校时强调："我们的教育改革要坚持文化自信，好经验要坚持，不足的要补齐。"同时指出："中国有坚定的道路自信、理论自信、制度自信，其本质是建立在五千多年文明传承基础上的文化自信。"在庆祝中国共产党建党九十五周年大会上，习近平总书记也指出："文化

自信,是更基础、更广泛、更深厚的自信。在五千多年文明发展中孕育的中华优秀传统文化,在党和人民伟大斗争中孕育的革命文化和社会主义先进文化,积淀着中华民族最深层的精神追求,代表着中华民族独特的精神标识。"当前,我国教育发展正处于新的深刻变革时代,教育领域综合改革带来了教育实践新的活跃时期。教育思想的再启蒙、教育哲学的再回归、教育实践的再创新成为这个时代的特征。习近平总书记提出"教育改革要坚持文化自信",就是要坚持和弘扬优秀的中国传统教育文化,同时也要借鉴融合世界先进的教育文化,"好经验要坚持,不足的要补齐",从而为构建和发展中国特色社会主义现代教育学体系奠定坚实的文化基础,为中国正在进行的深化教育领域综合改革提供坚强的文化自信。

学校教育的文化自信既体现在对中华优秀传统教育文化的理解与发展上,也体现在对世界优秀教育文化的借鉴与整合上,更体现在学校文化体系建构的有效实践中。"圆满教育"理念的提出,是为更好地贯彻新时代坚持教育文化自信的教育实践,体现了学校对中华优秀传统文化坚定的文化自信和深厚的文化理解。

第四章 "圆满教育"体系

第一节 "圆满教育"理念核心

一、"圆满教育"理念体系核心

核心理念：以"圆运动"文化成就追求完满的人

育人目标：把学生培养成追求完满的新时代少年

办学目标：办一所充满生命活力的新样态学校

教师专业发展目标：做一个有教学风格的老师

校园文化：整个校园充满着生命活力和圆韵情调

二、"圆满教育"育人实践模式

学生永远是学校这个大"圆"里的圆心。"圆满教育"以学生为"圆心"，以"全圆为美"的审美情趣、以"动圆为道"的思维方式、以"满圆为境"的价值观念为核心，构建了育人实践模式（如图4-1所示）。在以"圆满教育"为精

图4-1 "圆满教育"育人实践模式

神引擎的系统里，构建了圆融管理、圆整课程、圆润教师、圆韵环境四个"驱动轮"，学校开启育人"动车"朝着培养追求完满少年这一目标奋进。

第二节 "圆满教育"实践体系

"圆满教育"育人实践系统里，构建了圆融管理、圆整课程、圆润教师、圆韵环境四个"驱动轮"。

一、圆融管理

圆融管理，不仅讲制度，更讲人文，旨在创造和谐的生活、工作环境。

以规育人是圆融管理育人的原则。事关学生的发展大计、学生切身利益，不折不扣地按各项规章制度办事，并力求做到公平、公开、公正，让学生在良好的教育生态环境中健康成长。

以心育人是圆融管理育人的核心。学校的教育面对的是一个个具有鲜活生命的个体，学校、教师在立德树人的时候，应时刻考虑如何使这些个体得到完善的发展。首先，对学生的生存状态和生活方式以无微不至的人文关怀，实行增值评价、过程性评价；其次，尊重每个学生的个性，适性扬才；再次，包容学生在成长中犯的错，让学生在适度宽松的环境中健康成长。

二、圆整课程

课程是实现育人目标的最主要的载体，坑口小学围绕"圆满教育"培养追求完满少年的育人目标，建构坑口小学圆整课程实施体系（如图4-2所示）。横向从四大领域课程、纵向从四大类别开展教学，培养学生完整、完备、完善、完美四维品质。

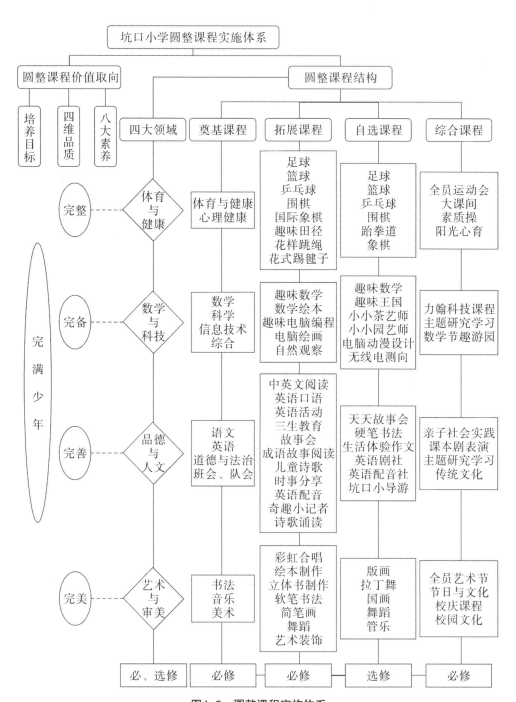

图4-2 圆整课程实施体系

1. 横向四大领域课程育人

（1）体育与健康培养完整的人

学校以国家学生体质健康标准为指导方向，按照低年段柔韧素质、灵敏性和中高年段力量速度耐力素质的机能发展规律，通过大课间和午间锻炼集训时间，学习自编素质操、体能操、跳绳等培养学生健康体魄，塑造优美的身姿体态；以全员运动会为抓手，利用体育课堂学习大量的趣味体育游戏，通过多种多样的体育互动，让学生亲身体验团队合作和互助共赢的成就感，培养学生的健康体格。

学校结合"圆满教育"理念，坚持德育与"心育"的统一，将"心育"与德育紧密结合，加强小学生的心理健康教育，开设"知心姐姐"信箱，开展"做情绪的小主人"心理健康微项目共建活动、"我们共同成长"家校共育工作坊活动，使学生的心理得到健康发展。让"心育"走进班级，走进学生心灵，培养学生的健康人格。

（2）数学与科技培养完备的人

数学与科技是以培养学生探索创新思维素养的课程领域。课程的实施以探究为核心，让学生亲历求证探索的过程，发挥学生对科学的好奇心与求知欲，培养他们提出问题、解决问题的能力。此外，学校每学期都会根据课程内容布置相关的探究性作业，如种植植物、科技小制作等，这些探究性的活动能够充分调动学生的积极性，培养学生的探索创造思维能力。

（3）品德与人文培养完善的人

坑口小学深挖语文、英语、道法三大学科教材中的人文价值，结合多学科融合主题化课堂教学，给学生以人文关怀，潜移默化地培养学生的人文个性和人文精神。教师在课堂上用多种形式创设情境，以文学作品、生活情境中的人文关怀唤起学生的内心情感，在教师的启迪下，学生如亲历亲受，获得人文精神的熏陶。另一方面，学校开展一系列的主题实践活动，如《习近平新时代中国特色社会主义思想读本》的阅读、国学经典的诵读、亲子阅读、追寻好家风、争做小雷锋活动等，引导学生践行课堂所得，知行合一，塑造向善的品质。

（4）艺术与审美培养完美的人

学校通过艺术与审美培养学生，提高学生审美素质、人格魅力和道德情操。艺术与审美中的侧重点落在培养学生的审美能力与道德情操上，以审美体验为核心，注重学生的情感态度与价值观。通过创设充满美感的课堂环境激发学生的兴趣；通过音乐美术表演，使学生得到情感的体验；通过游戏活动来感知、体验、创造音乐，从而美化心灵、启迪智慧。通过审美体验、陶冶情操，塑造追求完美的人。

2. 纵向四大类别课程育人

奠基课程整合化，国家课程进行多学科融合主题化教学，提高了学生整合、归纳、推理等解决问题的能力；拓展课程多元化，学校开设了足球、乒乓球、书法等三十多门校本必修拓展课程，利用校本课程时间实施教学，培养审美情趣和创造美的能力；自选课程个性化，在必修课程基础上再开设足球、乒乓球、书法、版画等三十余门学生喜欢、高级别的选修课程，利用课后托管时间实施教学，培养高水平学生；综合课程全员化，全员化的校园节日课程、民俗传统课程和社会实践活动课程，让学生感受到校园节日、传统文化的温度。多元开放式的四大类别课程教学实践，既能让学生充分地感受到童年的快乐，又能培养学生追求完满的个性品质。

课堂是实现课程育人的主阵地，是学生绽放生命的地方。坑口小学"圆满教育"理念下的课堂价值追求正如《论语·第七章·述而篇》所说的"不愤不启，不悱不发。举一隅不以三隅反，则不复也"之境界，那就要打造一种举融会贯通的"动脑子"课堂，我们称之为"圆通课堂"。

圆通课堂教学的核心价值之一就是培养学生的学科思维能力。学科思维就是基于对学科本质的认识，在学科学习以及运用学科知识解决问题的过程中被反复运用的那些具有普遍指导意义的观念、思维和意识。

三、圆润教师

习近平总书记指出："一个人遇到好老师是人生的幸运，一个学校拥有好老师是学校的光荣，一个民族源源不断涌现出一批又一批好老师则是民族的希望。"坑口小学通过压担子、开方子、搭台子等方式逐级培养能合格、有品格、亮风格的"圆润教师"。

通过搭建"一个充电驿站"，创建"一个研究高地"，开设"一个展示舞台"，全力打造有特色的"圆润教师"。圆润教师，一直走在专业成长的路上。圆润教师润物无声，展现出团结、活力、温润的特点。

四、圆韵环境

校园作为人类有目的建造的一种文化传递场所，校园环境是作用于学生的一切外界事物的力量的总和。校园环境是学校特色品牌创建的重要依托。"圆满教育"理念下的校园环境，称为"圆韵环境"。在"圆满教育"的核心理念指引下，"花抱皇冠、水滴石穿、园林生态、书声竹影、依鹿回头、静思休憩、榕荫足印、碧浪霞光"这"校园八景"融入"圆文化"元素，让师生在"圆文化"中浸润涵养，彰显人文精神。

圆韵环境，是传统的，是现代的，更是生态的。

综上，坑口小学因植根学校、社区内生和衍生的"圆运动"文化而淬炼"圆满教育"价值追求，回应了历史和现实的需要，并为之实践圆融管理育人，圆整课程育人，圆通课堂育人，圆润教师育人，圆韵环境育人，使坑口小学的学生彰显出不懈追求完满生活的独特个性。

第五章 "圆满教育"学校品牌的思考

第一节 学校品牌要有品牌主题

学校的发展竞争日趋激烈，在互联网时代，现代学校必须有自己的精准定位，走属于自己的特色发展之路，打造属于自己的战略品牌。

学校发展战略主题，就是学校在一定发展阶段提出的思想主张，它是学校发展内容的主体和核心，就像飞机、汽车的发动机一样。它是校长和教师对学校发展的思路、途径、手段和策略的综合思考和统一主张，更是学校发展内涵的最系统表达。

当前，随着学校的多样化、特色化发展，许多学校纷纷提出各自鲜明的发展战略主题，规划、设计和引领学校发展。对于任何一所学校而言，提炼发展主题是一种非常理想的有效策略。

一、学校品牌战略主题的凝练要基于学校的内生文化

在形成富有创造性的整体办学风貌中，从特色项目的确定，到学校特色的创立，直至特色学校的最终形成，学校品牌主题起着主导作用。学校品牌主题不可能从外部移植，要从学校内生文化中提炼。

文化内生是品牌主题的基本特征。学校要发展，会有许多内生变量，比如管理、环境、投入、教师、学生、校长领导力、课程、课堂等，随着时代的变化，影响学校的变量也在不断变化，比如"互联网+"等手段。品牌学校建设特别强调内生变量的影响，必须避免一些外部因素的影响，更多关注学校内部的因素。学校品牌主题的凝练要挖掘学校发展的"基因"，解读"基因"代码，注重文化"基因"的传承和发展。[1]

品牌学校是基于文化内生、面向文化内生的学校。所谓内生，就是靠自身发展，要不断地挖掘和解码学校的文化基因，探寻影响学校发展的关键性因素或敏感因子。其实，不论是理论上的"学校存在的价值""为什么要办这样而非那

---

[1]陈如平.让学校发展呈现新样态[N].中国教师报，2017-2-15（14）.

样的学校",还是实践中的"我为什么要办学校""我为什么能办成这样而非那样的学校",这些是从教者必须要回答的问题,其答案都在这所学校自身。即造成或产生差别的决定性因素只存在这所学校之中,它既是学校现实差异的核心表现,也是发展愿景的逻辑起点。[1]如成都市草堂小学基于学校内生的"杜甫草堂"诗文化而凝练出"诗意教育"品牌主题。走进成都市草堂小学,仿佛走进一座诗意的殿堂,在纷扰的繁华中,学校凸显着清新淡雅。学校将千年草堂的"自然状态"提升至学校认同的"诗意状态",最终将其提升至统领全局的"品牌状态",再挖掘出各种"诗意元素",进而打造成一个孩童们的诗词世界。

二、品牌战略主题下的办学理念体系要有严密的逻辑性

学校品牌战略主题是上位概念,也是高位概念;"一训三风"、办学目标、育人目标、校园口号等是中位概念;课程实施、课堂模式、教师专业发展途径等操作性行为是下位概念。上位概念统领中位概念和下位概念,中位概念和下位概念的凝练、表述要符合上位概念,要有层次性和逻辑性。例如,坑口小学"圆满教育"战略主题下的办学理念是极具逻辑性的。其核心理念:以"圆运动"文化成就追求完满(全面发展)的人。校训:做一个追求完满的人。校风:生动活泼。教风:互动活力。学风:主动活跃。

三、品牌战略主题引领下的学校样态是有个性的

个性学校、特色学校或品牌学校,包含三个方面:第一,"学校要有学校的样",要有琅琅书声,要有文化味、书香气,要有生命力。第二,"一所学校一个样",每所学校都要根据自己的情况,扬长避短,标明自己的特色、优势,彰显学校独特的样态。第三,"校校都要有自己的样",通过自己特有的样态的显现,不同性质、不同水平的学校自然会得到区分,在区域上形成错落有致、协同发展的多样性教育生态,促使教育百花齐放。[2]

品牌学校一定是有个性的,其精神文化、制度文化、行动文化、物质文化一定是与众不同的。例如,我在2015年6月参加中国教育科学研究院在浙江宁波北仑的学术会议期间参观考察的宁波市北仑区蔚斗小学,我就发现蔚斗小学深挖学校内生文化、厘定学校"适性教育"战略主题具有个性,也具有品牌影响效应。

[1]陈如平.关于新样态学校的理性思考[J].中国教育学刊,2017(3):35-39.

[2]陈如平.关于新样态学校的理性思考[J].中国教育学刊,2017(3):35-39.

蔚斗小学围绕"适性教育"战略主题，实施崇尚自然，张扬个性，挖掘潜能，适性成长的育人策略。通过适性课程、适性文化、适性管理三个支点（如图5-1）立德树人，培养具有"蔚斗烙印"的学子，在北仑区家喻户晓，成为北仑教育的一面旗帜！

图5-1 宁波市北仑区蔚斗小学"适性教育"整体育人体系

第二节 学校品牌要有品牌课程

有什么样的课程就有什么样的学校，有什么样的课程就有什么样的学生。义务教育课程方案和课程标准（2022年版）规定了教育目标、教育内容和教学基本要求，体现国家立德树人的根本意志。课程是学校教育的核心要素，课程建设与实施是学校教育工作的关键行动，课程体系设计是学校发展的重要内涵。要创建学校品牌或创建品牌学校，就必须对学校的课程再造，形成学校品牌课程。学校品牌课程并不是指一门学科，而是指学校的整个课程体系。课程再造形成基于学校发展战略主题的课程体系，并予以实施创造学校品牌。

课程再造的基本手段是整体建构学校的课程体系。整体建构再造课程要树立一种课程体系意识，围绕课程理念，将育人目标、课程结构、课程内容、课程实施方式、课程资源、课程评价、课程管理的各种因素组合起来，科学地构建课程结构框架。例如，2019年4月我在北京考察的海淀区五一小学，其"幸福素养课程"就是一种课程再造的典范（见图5-2）。

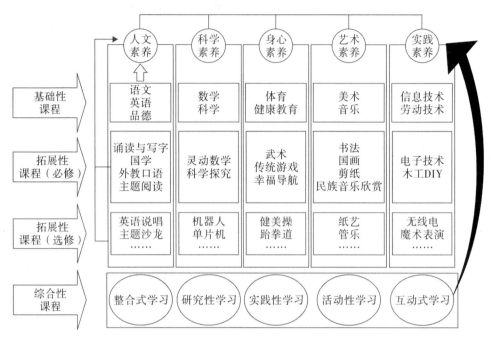

图5-2 北京海淀五一小学幸福素养课程体系

海淀区五一小学的课程体系充分体现校本特点，既完整又系统，纵向有层递设置基础性课程、拓展性课程（必修、选修）和综合性课程。横向拓展为五大板块，分别对应人文素养、科学素养、身心素养、艺术素养、实践素养。拓展性校本课程形式多样、内容丰富，如诵读与写字、国学、灵动数学、科学探究、传统游戏、幸福导航、主题沙龙、健美操、魔术表演等。五一小学的课程以国家课程为内核，对课堂进行变革，打造"幸福素养课堂"，课程实施形态多样：长短课、大小课、周课程、月课程、学期课程、多学期课程。以校本化拓展性课程为外延，培养了学生的特长，发展了学校的特色，形成了学校品牌。

品牌学校在课程再造时，设计每一门课、每一项活动，都要站在整体育人的高度，基于核心素养形成来进行统筹、设置，在此过程中进行梳理、整合，包括多学科整合甚至跨界整合。[1]

———————
[1]陈如平.让学校发展呈现新样态[N].中国教师报，2017-2-15（14）.

第三节　学校品牌要有品牌课堂

课堂是学校的生命线，品牌课堂是学校品牌建设的基石。一般情况下，品牌课堂是指具有独特风格和一定影响力的教学课堂。品牌课堂包括以下几层内涵：一是品牌课堂建设具有复杂性，二是品牌课堂追求公平，三是品牌课堂追求均衡发展，四是课堂文化建设要兼容并蓄。[1]

一、品牌课堂是高质量的课堂

2017年9月8日的《人民日报》曾发表时任教育部部长陈宝生同志的文章《努力办好人民满意的教育》。文章提出的主要观点是"坚持内涵发展，加快教育由量的增长向质的提升转变"。学校应该把质量作为教育的生命线，坚持回归常识、回归本分、回归初心、回归梦想。为了打通课程改革"最后一公里"，这篇文章再次吹响了向课堂要质量的号角。

重新审视我们近二十年的课堂改革，课堂上学生的表达力与表现力有了质的变化，课堂充满了生命的活力。然而，随着课堂教学改革的深入，学校、教师看似将课堂还给了学生，却仍然没有解决学生学习不投入的问题——参与讨论展示的永远是几个优等生，大部分学生依然是课堂的旁观者。此外，许多课堂过于追求"表现"，学生展示时载歌载舞、精彩纷呈，但展示的内容却浮于表面，缺乏深入的思考，更缺乏思维层面的深度发掘。这样的课堂，仅仅是表面繁荣，热闹过后学生收获不多。为了让课堂从浅层走向深层，需要突破现有观念，寻找新方法，提出深度课堂教学改革的策略，提升课堂教学质量和效益。

二、品牌课堂是形神兼备的课堂

形神兼备的课堂的"形"是指品牌课堂的模式。品牌课堂的教学活动存在于一定的空间、时间之中，在空间上表现为一定的教学理论、教学目标、教师与学生在教学活动中的地位及相互关系；在时间上表现为如何安排教师、学生的教与学活动。品牌课堂教学的模式首先有正确的教学思想作为课堂的教学理论依据，根据课程教学内容确定特定的教学目标，在程序上具体确定教学中各个步骤及要完成的任务在时间序列上的科学实施。品牌课堂教学模式是教育思想、理论与教学实践之间的桥梁，是一种课堂教学结构或经营模式。教学模式有两个核心元

---

[1] 赵杨. 品牌课堂的效度、深度与广度建构：基于包容性发展理念 [J]. 教育理论与实践，2019（17）：3-5.

素：思想或理论、方式方法。其中，教育的指导思想是模式构建的关键。将体现正确指导思想的、有操作性的、好的方式方法相对固定下来，能更有利于教育思想的贯彻，从而形成较稳定的高效课堂。[1]

形神兼备的课堂的"神"是指品牌课堂的风格。品牌课堂上教师依据一定的教学理论和教学思想，形成一套完整的结构和一系列的运行程序。从这个层面来说，教学模式又是一种具体化、操作化的教学思想或理论，它为教师们提供一个比抽象理论具体得多的教学行为框架，它对教师的教学行为进行了比较具体的规范，形成固定的教学程序，使教师们摆脱了只凭经验和感觉教学的随意性。但是，从另一个层面来说，任何一种教学模式都不是固定的教法程序，它不能为教师提供现成的操作方法，教师必须根据自己对某种教学模式的理解，将其转化为实际的操作行为。[2]品牌课堂上教师摆脱模式的约束，呈现"形散而神不散"的教学艺术风格。课堂上，学生思维活跃，个性张扬，活力彰显。

三、品牌课堂是指向培养学科核心素养的课堂

《义务教育课程方案（2022年版）》要求深化教学改革，坚持素养导向。围绕为什么教和为谁教，明确课堂教学内容和教学活动的素养要求，设定教学目标，改革教学过程和教学方法，培养学生正确价值观和必备品质，把立德树人根本任务落实到具体教育教学活动中。

例如，坑口小学近几年一直致力于课堂教学改革，坚持培养学生会提问、会迁移、会探究、会质疑、会贯通的思维能力和学科核心素养，在区域内具有一定的品牌效应。不仅国内的学校课堂教学注重落实学科的核心素养，注重培养实践力、创造力，国外的学校课堂教学也很早就注重培养学生的创造力，培养创新人才。

2017年2月，我在美国访学考察，参访了谢恩小学、优思恩学校、莱特预科学校初中、郁金香果园小学、纳什维尔大学附属学校、白溪高中、赫米蒂奇幼儿园、惠慈特小学、希尔初中等学校，深深感受到美国基础教育课堂教学是多么地注重培养学生的思维力、创造力！他们通过课堂教学综合化、分层化、体验化培养学生的创新能力。

---

[1]刘志伟.构建高质量课堂教学模式 建设学校课程品牌[J].基础教育参考，2013（5）：59-60.

[2]林卓玲.从模式课堂到品牌课堂[J].教学月刊·中学版（政治教学），2016（12）：36-39.

1. 课堂教学综合化

美国中小学的课程内容非常重视各学科之间的贯通与联系，学科之间的界限在逐渐消失，同时以不同的形式进行融合。比如数学在美国中小学是作为一门独立的学科存在的，但是数学课程却非常重视与法律、音乐、考古和科学等其他学科的结合。在纳什维尔大学附属学校的一节数学课"分数的基本性质"上，学生基本掌握了分数的基本性质之后，老师要求学生给"分数家族"写封信表述一些数学知识，这就把数学和写作融合在一起了。这种注重不同课程之间联系的理念不只存在于数学课程，几乎在中小学所有课程中都可以看到。在怀特预备学校初中七年级一节社会课上，教师讲解"中国"时，涉及中国历史、地理、军事等各方面知识。另外，小学是包班制，一个班级的教学工作通常只由一位老师负责，老师在课堂中经常在讲这一问题时又联系到其他的问题，涉及其他学科的知识。因此，学生们很早就开始了跨学科的学习，逐渐培养了跨学科学习的能力和综合性思维能力。

美国基础教育课程内容注重综合性的特点使得其课程更强调知识之间的联结，有助于建构整体的知识结构。同时，生活化的课程内容让学生更有兴趣去选择那些与自己日常生活紧密相关的课程，通过对这些课程的学习，学生能够提高生活实践能力，能够从"知"真正转变为"行"，"行"的能力的获得才是美国教育真正所追求的。

2. 课堂教学分层化

分层教学，即在保持传统的按年龄编班的班级教学条件下，根据学生的学习能力、学习速度和学习兴趣等因素将他们编入暂时性的小组里学习。课堂分层教学按全班教学、小组（个人）学习和个别辅导的顺序实施。例如在赫米蒂奇幼儿园的阅读课上，一堂课45分钟，老师教了26个字母的认读之后，就把学生分成几个阅读小组，有画画的、有拼单词游戏的、有在电脑上做阅读练习的（电脑根据阅读水平设定阅读规则，读一篇文章回答问题，答对了问题就读更难的文章），我还看见一个孩子在教室里数各种图案的数量并把数据填在手中的表格里。分组学习之前，各小组的学生分别到教室里的黄、红、蓝抽屉里去取相应的学习材料（学习材料按照学生学习能力而设计，同一小组学生所做的练习也是分层的）。分层课堂教学想方设法帮助每一位学生，实现不让一个孩子掉队。

在美国中小学，面向大多数学生的普及教育和面向少数学生的英才教育是同时存在的。无论大学还是高中，在选拔英才苗子时往往先看学生的数学或科学潜力，再看其全面素质，一般能力出众者就可能被发现并得以重点培养，而某种能力出众者也可能受到专门指导。"英才"在美国并不神秘，比例较高，大约20%的学生被视为英才。教师在针对所有学生进行班级施教的同时，注重按每位学生的需要开展个别教学，这为能力出众者提供了创新发展的机会和空间。

美国学校课程进度适应学生学习程度和需要，尤其对学习有困难的学生给予特殊关照，体现出较强的人本精神。美国特别重视特殊教育，实行全纳教育，而且卓有成效。美国在法律方面逐渐规范、完善、丰富、保障残障儿童受教育的权利；政府相关部门对特殊教育从学校计划到检测再到监督有序监控；学校的课堂教学方式多样，如采取反应—干预教学。我们参访的学校几乎都配足特教教师或教学顾问，如惠慈特小学有2位特教教师、3个特教助理，为20个有特殊需求的学生提供个性化的教育计划，帮助他们适应正常的学习方法。美国还设有一些专门的机构、配有志愿者提供相关的服务，对不同的学生制订详细的方案，切实落实不让一个孩子掉队。

3. 课堂教学体验化

一是注重动手。深受19世纪实用主义教育思想家杜威"做中学"的影响，我们所访问的学校课堂教学非常注重在活动中学、体验中学、做中学。活动是教学的中心环节，每节课教师都让学生动起来，特别是把手动起来。如在郁金香果园小学学前班的一节数学"排序"课上，老师把一组数字卡用夹子夹在晾衣绳上让孩子按照大小顺序排列，尽管孩子用夹子难以把数字卡夹在晾衣绳子上，也很耗时，但是训练了孩子们手部的协调能力，也让他们直观地了解数字的大小。如希尔初中一节数学课上，学习正方体、长方体的面积和体积，教师首先播放长方体的形状、组成的视频，然后就让学生用几排不同颜色的塑料小正方体学具拼成一个长方体，让学生亲身体验正方体、长方体是由一个个具体的小正方体组成，体验正方体、长方体形成的全过程，再经过认真思考和分析得出正方体、长方体的面积、体积计算方法。虽然这种动手体验式的学习在一定程度上表现出教学效率较低，但培养了学生动手的习惯，发展了学生从具体到抽象的思维。在怀特预备学校参访时，在一节戏剧课上我们看到，学生分组轮流到教师面前表演情景剧，情景剧生动有趣，孩子们学得兴趣盎然。

二是注重实践。纳什维尔大学附属学校课程学习理论很少脱离实际，注重通过实践开展教育教学活动。白溪高中的职业学院课程，新能源学院学生获得1万美金的资助，和老师一起研究实践做一个通过种植植物获得新型燃料的项目。教育与法律学院的学生模拟法庭审判凯撒大帝，模拟现场采集指纹、执法等实践活动，该院还有一部分学生模拟小学助教辅导小学生。白溪高中的学生学习学院课程不仅注重校内实践，也注重校外实践。学生可在上学时间到社区快餐店或超市兼职，一周可以兼职20小时，每小时可获得9美元的报酬。

对比一下我们的课程。我们的课程（堂）教学容量大、要求高，给学生打下了系统扎实的基础，但还是要借鉴经验，自我改进：我们的课堂教学重心还是在教教材，缺乏整合，因此要建构学校特色的课程体系，对课程进行整合实施；教学过程中，要把学习的时空还给学生，少些死记硬背和机械性的抄抄写写，也要"做中学、体验中学、创造中学"，培养学生的批判性思维和创造力两大核心素养。

第四节 学校品牌要有品牌科组

一所学校的教育教学质量，赢在教研组。"圆满教育"理念下的学校质量观更加注重基于共同体的科组建设。

一所学校能成为名校的因素有很多，其中最重要的两点，一是有名师，二是有名学科。名师的影响力，有可能会随其离开学校而消减；但名学科教研组的影响力则不会因为一两个人的变动而发生大改变。只有名师未必有名校，但有名学科教研组则必然有名校，因为一个学科团队的卓越，必然会带动相关学科团队乃至整个学校的进步，由此可见教研组建设的重要性。[1]教研组提升是通过开展扎实有效的校本教研来完成的。

教研组，全称为教学研究组，是学校按学科划分的研究教学问题的基层教育组织，也称"学科教研组"。教研组是教师专业发展的学习共同体（也称学习者共同体），是一个由教师、管理人员及其他人员形成的组织。在学习共同体中，成员有清晰的奋斗目标，可以进行面对面沟通与互动。顾泠沅先生从教师专业发展与学校实践的角度指出，教研组是"学习型的实践共同体"。

一、教研组的功能

教研组本质上是一个学术性组织，是由相同或相近学科教师组成，以研究、探讨和解决教育教学中产生的实际问题为主要任务，是具有专业的学术性的基层组织，同时又承担了一定的行政管理功能；在现代教育理论体系中，教研组又是

---

[1]孙金鑫. "名校之名，在名教研组" [J]. 中小学管理，2019（10）：1.

一个学习型的实践共同体。因此，教研组具有研究、指导、培养、协管等功能。

1. 研究功能

研究教学问题，是最根本功能。教研组工作的重点，就是组织教师针对教育教学中存在的某一问题展开讨论与交流，同时组织教师研究三类背景知识：研究学科知识，知道"教什么"；研究课程教学，明确"怎么教"；研究学习心理，知道学生"怎么学"。通过对这些问题的研究与分析，得出解决问题的结论，并汇聚到教学执行，最终提升教学实效。在分析问题、解决问题的过程中，激发了教师的专业发展兴趣和激情，拓展了教师的教学思路，同时，教研组的地位与重要性亦得到充分体现。

课题研究成为教研组工作的新动向，出现了教研组"教研活动课题化"倾向。教研组成了组织教师完成学校课题研究任务的单位，在一定程度上发挥着课题组的功能，即寻找有价值的课题并在实践中创新发展。

2. 指导功能

指导学科教学，是基本功能。教研组的指导功能突出体现在集体研课各环节，在制订教学进度计划，进行学情分析、学习内容分析、教法分析等活动中，教研组通过集体研课，可以指导教师如何研课，让教师共同研讨教学中存在的问题并及时予以解决，让教师切实得到教研组的指导和帮助。

3. 培养功能

提升教师专业素养，是主要功能。教研组是学科教师成长的摇篮与土壤，为教师提供展示自我空间与成长发展的平台。对于教师来说，其专业发展更多受到来自生活环境，包括学生、教师群体、校园文化氛围等因素的影响，教师是在与周围环境的相互作用中获得发展的。作为学校教学研讨基层组织的教研组，是学科教师进行教学交流研讨的最基本场所，也是教师成长的关键情境。如果说教务处承担了新教师的管理工作，那么教研组则承担了新教师在职培养的专业责任。

4. 协管功能

就性质而言，教研组并不是学校的行政组织，但考察教研组的缘起与演变历程，不可否认，其确实具有行政组织色彩，承担一定的行政事务协管功能。教研组组长不仅担负着教师的教研管理职责，而且对教师的专业发展起着监督和指导作用。从某种意义上讲，教研组在学校管理中发挥着协调配合、辅助推动、指导落实的作用。一方面，教研组要负责制定学科教学计划、组织集体备课，完成教导处交付的日常考勤、考试安排、公开课组织、教案与作业检查等任务，并参与处理与教师教学相关的教学竞赛、教师进修、业务考核、职称评聘等事务。另一方面，教研组要处理协调好组内成员之间，教研组与学校各部门之间的关系，解决各种矛盾，取得各方面的支持。[1]

然而，一些学校一直在从学科知识传授的角度来进行教研活动，而没有从学校管理的角度来研究教研组的建设。教研活动是教研组建设的重要内容，但不应该是全部，教研组的建设应包括教研组文化建设、制度与规矩建设、课程与教学研究、人事安排与教师能力提升等。我们以往关注更多的是"做什么事"，而对"为什么做事""要做成什么事""怎么更好地做事"的理解和研究还不够。

二、学校文化价值指向下的教研活动促成品牌科组

广州市荔湾区坑口小学基于常态课例的校本教研活动经历了传统听评课——"二元五次"常态课例研讨[2]——"圆满教育"理念下的课堂观察三个阶段。传统听评课阶段，承担课例的老师参与度极高，但是科组其他老师参与度低，只是参与到听、评课活动。"二元五次"常态课例研讨阶段，通过集体备课让科组老师从课前就参与到课例研讨，提高了课例研讨效果。"圆满教育"理念下的课堂观察保留了集体备课的优势，同时通过确立研讨主题保证一课一得，例如语文学科以"朗读指导"为主题，数学学科以"高阶思维"为主题，英语学科以"单元整体教学"为主题进行课例研讨，通过观察量表进行科学听课、评课，聚焦主题提出教学策略。

这三个阶段由开始活动组织不规范、骨干教师缺位、团队凝聚力和协作力不强、教研活动碎片化与表浅化等无序状态，到现在的有"五性"（价值性，有文化引领；学术性，有理论支撑；规范性，按程序进行；实践性，以课例为实证；工具性，有工作量表）。"五性"回答了教研活动的几个核心问题：作为一项有目的、有组织、有计划的活动，教研活动要在何种价值引导下开展研究？由谁开展研究？如何开展研究？需要什么样的支持条件？

学校文化价值指向是多方面的，包括精神文化（学校战略发展主题）、制度文化、行动文化、物质文化等内容。坑口小学基于学校"圆满教育"理念，厘定学科教研价值取向；基于"共同体"理念，建构科组共成长的模式；基于评价标

[1] 阴祖宝. 基于专业学习共同体的教研组变革策略研究 [D]. 重庆：西南大学，2014.
[2] 陈俊芳. "二元五次"常态课研训模式的实践研究 [J]. 中小学管理，2015（5）：43-45.

准体系，明确品牌学科创建的指向。

1. 基于学校"圆满教育"理念，厘定学科教研价值取向

学科教研组开展教研活动是为了改进问题，追求更高的教学质量，但什么是好的教学，怎样理解好的教学，这些追问涉及价值参照系的问题。我国传统教学理念认为，教学就是在有限时间里讲授更多的知识，因此注重多讲多练，而不顾及学生的发展状态是否主动积极。而新时代教育理念则认为，知识只是工具，好的教学应该能够促进每个学生的发展。正因如此，学校开展的教研活动势必要以这种科学理念作为价值参照系，逐渐扭转教师在教学认识上的误区，否则教研活动就会由于目标不清而止于教学方式方法层面的探讨。[1]

坑口小学"圆满教育"理念下的学科组建设，强化课堂主阵地作用，切实提高课堂教学质量。教师要优化教学方式，坚持教学相长，注重启发式、互动式、探究式教学，课前要指导学生做好预习，课上要讲清知识体系、重点难点，引导学生主动思考、积极提问、自主探究；要运用传统与现代技术手段，重视情境教学；要探索基于学科的课程综合化教学，开展研究型、项目化、合作式学习；要精准分析学情，重视差异化教学和个别化指导。学校要定期开展聚焦课堂教学质量的主题活动，注重培育、遴选和推广学科优秀教学模式、教学案例。

2. 基于"共同体"理念，建构科组共成长的模式

（1）教研共同体理念的学校应用

"共同体"是德国著名社会学家、哲学家斐迪南·滕尼斯提出的概念，即通过某种积极的关系而形成的群体，这一群体统一地对内对外发挥作用，是现实的和有机的生命组合。"共同体"存在于社会、文化及教育的各个层面。

教师专业共同体是通过教师自愿地参与课题研讨与相关的教研组活动来研究和探讨培育有助于学生学习和成长的优良土壤的一种专业性的学习共同体。它建立在教师专业化浪潮的基础上，以学校为基地，以教育实践为载体，以共同学习、研讨为形式，在教研组长的带领之下，在团体情景中通过相互沟通与交流最终实现整体成长的提高性组织。

教师研修共同体是教师基于"研修主题"开展实践研修活动而构建起来的一种个体学习和实践的联合体。它强调共同信念和愿景，强调各个成员分享各自的见解与信息，相互协作、承担责任等多方面的合作性活动。这种以同质促进、异

---

[1] 卜玉华. 价值视角下我国中小学教研活动现状及发展策略 [J]. 中小学管理，2019（10）：5-8.

质互补的原则建立起来的共同体，在教师的研修实践活动中联合互动，共同开展研修，从而形成一种主题中心任务驱动、资源共享、相互借鉴、协同研究、共同发展的良好机制。

教师专业知识共享是指学校组织中个人的学科教学知识通过各种沟通与交流方式，在具体解决教育教学问题中，为组织中其他人员所共同分享，进而转变为共同知识财富的过程。知识共享不是简单的知识扩散和交换，其目的在于通过知识的运用和创新，扩大知识的利用价值并产生应有的知识效应，达到知识不断增值的目的。在学校知识管理的基本环节中，知识发现和挖掘为知识共享提供了可用资源，知识的整合与积淀又是共享之后的提升和创新，最终成为学校的共同财富。

（2）开展"训、教、研"三位一体校本研修行动

坑口小学实行院校合作打造圆整课程体系下的"圆通课堂"，使课堂教学与研究具有学术性。学校借助中国教育科学院、华南师范大学和广州市荔湾区教育发展研究院专家的智慧，使学校圆整课程的课堂教学得到理论和实践的指导。

坑口小学基于学校"圆满教育"理念，依托创建的"圆通课堂"教学模式，通过研究"圆通课堂"的评价取向，研制"圆通课堂"评价工具，再通过集体观议课的教研活动，精准的"训、教、研"三位一体校本研修行动提升了学科教师课堂观察的问题定向能力、方案设计能力及实施执行能力，从而提升了学校的教学质量。

（3）"二元五次"常态课校本研修模式

在日常的教研活动中，怎样的参与方式才有助于发挥不同主体的积极性，让不同发展阶段的教师都有所收获，并使各主体间形成更为融洽的合作氛围呢？坑口小学在"基于常态课研训一体化教研模式的实践研究"中，构建了基于常态课课例研究的"二元五次"研训模式。其中"二元"是指两次观课，"五次"是指基本流程中包含的五个环节，即合作课堂设计—教学及同伴观课—反思及评估修正—修正后再教及观课—再反思及成果分享。在研究实践中，各学科建构了"同课循环""多课一题""同课擂台""师徒同课"四种具体的操作模式。[1]

坑口小学校本研修模式以"从发现问题到解决问题"为活动流程。研修始终围绕"问题及问题的解决"进而"改进教师实践"展开。这一过程，既是校本研修的行动过程，也是教师自主学习的过程，更是实践行为的改善过程。

---

[1]陈俊芳．"二元五次"常态课研训模式的实践研究［J］．中小学管理，2015（5）：43-45.

3. 基于评价标准体系，明确品牌学科创建的指向

坑口小学参照广州市荔湾区小学"品牌学科"工作评价标准对标建设品牌科组。加强教研活动有效性评价，是提高教师教研意识、规范教师教研行为、建设品牌教研组的有力保障。为了更好地激发学校教师参与教研活动的积极性和主动性，凝聚教研组教师开展合作学习、行动研究的力量，要重视评价制度，参照荔湾区小学"品牌学科"工作评价标准（见表5-1），积极创建荔湾区品牌学科。

表5-1 荔湾区小学"品牌学科"工作评价标准

一级指标	二级指标	评 价 标 准				评价形式		
		★★★学科	分值	★★★★学科	分值	自评	校评	评审小组
科组建设（21分）	师德教风	科组教师师德高尚，为人师表，教书育人，敬业爱生；无体罚或变相体罚学生现象；教师无违法犯罪行为。凡有违反师德的一票否决	2	科组教师师德高尚，为人师表，教书育人，敬业爱生；无体罚或变相体罚学生现象；教师无违法犯罪行为，深得学生喜爱和尊重。凡有违反师德的一票否决	3			
	队伍配备	教师配备合理，专任教师学历达标率100%；60%的教师达到大专或以上学历	2	教师配备合理，专任教师学历达标率100%；85%的教师达到大专或以上学历	3			
	队伍建设	科组长责任落实，科组成员协作意识和团体凝聚力强，教风好，人员职责分工明确；科组运作畅通，效率较高；科组帮扶结对工作有具体措施和实效；在学校科组建设中能发挥示范作用	2	科组长责任落实，科组成员协作意识和团体凝聚力较强，教风较好，人员职责分工较明确；科组运作基本畅通，效率高；基本能在学校科组建设中发挥应有的作用	3			

（续表）

一级指标	二级指标	评　价　标　准				评价形式		
		★★★学科	分值	★★★★学科	分值	自评	校评	评审小组
科组建设（21分）	进修学习	重视队伍建设，开展校本培训，促进教师专业发展；重视抓好教师继续教育、新课程培训，有一定效果；规定周期内的教师职务培训每人每年不少于40学时，两年内选修网络远程教育课程培训不少于40学时；重视利用信息技术和网络信息资源进行教学，90%的教师能用现代信息技术进行教学	2	重视队伍建设，积极开展校本培训，促进教师专业发展；重视抓好教师继续教育、新课程培训，效果好；规定周期内的教师职务培训每人每年不少于40学时，两年内选修网络远程教育课程培训不少于40学时；重视利用信息技术和网络信息资源进行教学，100%的教师能用现代信息技术进行教学	3			
	人才培养	学科教师具有先进的教育思想和教育理念，学科有较强的师资力量，拥有市、区级名师或骨干教师（含三星级品牌人才）；有教师梯队培养目标，制定较为可行的培养措施	2	学科教师具有先进的教育思想和教育理念，学科有雄厚的师资力量，拥有国家级或省级名师或骨干教师（含四星级品牌人才）；有明确的教师梯队培养目标，制定操作性和可行性强的培养措施	3			
	目标定位	有符合素质教育要求、创建三星级品牌学科的科组发展规划和具体措施；注重面向全体学生，因材施教，建立学科的特色，在区内有一定的声誉，社会、家长、学生满意	2	有正确的体现科组特色，符合素质教育要求、创建四星级品牌学科的科组发展规划和具体措施；面向全体学生，因材施教，在省、市内有较高的声誉，社会、家长、学生满意度高	3			

（续表）

一级指标	二级指标	评价标准				评价形式		
		★★★学科	分值	★★★★学科	分值	自评	校评	评审小组
科组建设（21分）	制度建设	能按新课程要求建立学科教学常规和管理制度，资料基本健全，管理较规范	2	能按新课程要求建立学科教学常规和管理制度，资料齐全，管理规范	3			
常规管理（12分）	计划总结	根据国家课程标准，结合科组实际，制定教研计划、教学进度和教学工作要求；能认真总结学科教研工作情况，资料归档健全	2	根据国家课程标准，能结合学科实际，制定目标明确、内容具体的教研计划、教学进度和教学要求；善于总结学科教研工作和经验，资料归档健全	3			
	承担任务	参加各级教研活动和培训，不随意缺席或迟到早退；能承担区、市教研活动，科组内有教师在区级或以上教研、培训中承担公开课、讲座、经验介绍等任务；每学期教师互相听课不少于10节，科组长听课不少于15节，有听课记录	3	认真参加各级教研活动和培训，不随意缺席或迟到早退；积极承担区、市教研活动，科组内有1~2名教师在市级以上教研、培训中承担公开课、讲座、经验介绍等任务；每学期科组教师互相听课不少于12节，科组长听课不少于18节，有听课记录，建立教师教学诊断分析报告	5			
	教研活动	教研活动开展正常，做到定时间、定地点、定要求、定内容、定主讲，记录及时，活动资料齐全	2	积极开展教研活动，做到定时间、定地点、定要求、定内容、定主讲，记录详细及时，活动资料齐全	4			

（续表）

一级指标	二级指标	评价标准				评价形式		
		★★★学科	分值	★★★★学科	分值	自评	校评	评审小组
教学活动（30分）	课堂教学	学科组积极推动课程改革，教师熟悉课程标准，有较扎实的基本功，能把握教材特点，钻研教法学法，形成了有成效的教学模式和教学方法；能总结和提炼学科组或个人教学经验并在区内有一定影响；每个学期开设研究课不少于1次/人，在课程改革实验中积极进行学科评价改革的探索，取得了一定的研究成果	3	学科组积极推动课程改革，教师熟悉课程标准，有扎实的基本功把握教材特点；钻研教法学法，形成了有特色的教学模式和教学方法；善于总结和提炼学科组或个人教学经验并在市内有一定影响；每个学期开设研究课不少于1次/人，在课程改革实验中积极进行学科评价改革的探索，取得了具有特色的研究成果	5			
	课堂效果	优化课堂教学结构，重视培养学生的个性、特长；在教学效能过程中能体现创新意识，注重师生互动，学生有一定的学习积极性；区教学调研优良课比例不少于90%	3	优化课堂教学结构，重视培养学生的个性、特长；在教学效能过程中能较好地体现创新意识，注重师生互动，学生学习积极性高；市或区教学调研优良课比例不少于95%	5			
	学生满意度	无违规征订教辅资料，学生课业负担合理；学生满意率达85%以上	2	无违规征订教辅资料，学生课业负担合理；学生满意率达90%以上	3			

（续表）

一级指标	二级指标	评　价　标　准				评价形式		
		★★★学科	分值	★★★★学科	分值	自评	校评	评审小组
教学活动（30分）	教学质量	做好过程性质量监测，有提升教学质量的具体策略，能建立各年级学生学业发展轨迹；学科的教学成绩为兄弟学校、教科研部门和教育行政部门认可，教学实绩与学科竞赛在区内名列前茅，且在区内有较好影响力	8	能出色地做好过程性质量监测，有提升教学质量的具体策略和指导意见，能建立各年级学生学业发展轨迹；学科的教学成绩为兄弟学校、教科研部门、教育行政部门和社会普遍认可，教学实绩与学科竞赛在区内名列前茅，且在市内有一定影响力	10			
	培优辅差	学生对学科有一定的学习兴趣，有学习本学科的自学能力；培养尖子生和转化后进生工作有目标、途径、方法	2	学生对学科有浓厚的学习兴趣，有学习本学科较强的自学能力；培养尖子生和转化后进生工作有切实可行的目标、途径、方法	4			
	综合实践	结合学校实际开展综合实践活动；能指导学生开展研究性学习及其他课外活动，并取得一定成果；3—6年级学生参与率达100%，教师每学期指导参与率达90%以上	2	结合学校实际开展综合实践活动；能指导学生开展研究性学习及其他课外活动，并取得较好成果；3—6年级学生参与率达100%，教师每学期指导参与率达70%以上	3			

（续表）

一级指标	二级指标	评价标准				评价形式		
		★★★学科	分值	★★★★学科	分值	自评	校评	评审小组
校本教研（9分）	教研策略	科组内教师集体备课、资源共享，在教研活动中以"行动研究"为主，针对本学科的教学问题，聚焦课堂，组织教师积极开展研讨活动，努力做到教、学、研一体化	2	科组内教师集体备课、资源共享，在教研活动中以"行动研究"为主，针对本学科的教学问题，聚焦课堂，组织教师积极开展教学反思活动，努力做到教、学、研一体化	3			
	校本资源	能开发符合本学科特点的校本课程，努力做到有目标、有评价；参与地方课程资源的开发和使用；建立本学科特色网页	2	积极开发符合本学科特点的校本课程，努力做到有目标、有教材、有评价；积极参与地方课程资源的开发和使用；建立本学科特色网页	3			
	制度保障	建立以校为本的教研制度，每学期有校本教研计划、总结、研究专题；活动有记录、有反思；参与率达90%	2	建立以校为本的教研制度，每学期有校本教研计划、总结、研究专题；活动有记录、有反思；教研气氛浓；参与率达100%	3			
学科研究（8分）	课题建立	坚持以校为本，建立校本科研课题，并能经常开展有目标、有序列、有成效的研究	2	全体科组教师具有较强的教科研能力，主持区级以上规划课题，参与区域性课题或市级以上实验课题研究	4			
	研究成效	教师积极参与课题研究，注重课题的过程性管理，有阶段性或终结性成果	2	人人参与课题的研究，在重点和难点上有突破，研究成果在本地区有一定影响，具有推广价值	4			

（续表）

一级指标	二级指标	评　价　标　准				评价形式		
		★★★学科	分值	★★★★学科	分值	自评	校评	评审小组
工作成果（10分）	教师评价	每学年科组教师在区组织的教学竞赛中获奖，有2篇以上的论文在区级或以上的会议中交流，或在正式的出版刊物上发表	3	每学年科组教师在省、市级组织的教学竞赛中获奖，有2篇以上的论文在市级或以上的会议中交流，或在正式的出版刊物上发表	5			
	学生评价	学生在区教育行政部门组织的学科竞赛中取得优异成绩	3	学生在市级或以上的教育行政部门组织的学科竞赛中取得优异成绩	5			
科组特色（10分）	科组特色	教研组有特色，总结了一套经验	8	教研组有特色，形成一套有推广意义的典型经验	10			
项目加分	学生	国家级三等奖	5	国家级一、二等奖	7~10			
		省级三等奖	3	省级一、二等奖	5~7			
		市级三等奖	2	市级一、二等奖	3~5			
		区级三等奖	1	区级一、二等奖	2~3			
	教师	国家级三等奖	5	国家级一、二等奖	7~10			
		省级三等奖	3	省级一、二等奖	5~7			
		市级三等奖	2	市级一、二等奖	3~5			
		区级三等奖	1	区级一、二等奖	2~3			
	合计							
总计								

　　总之，学校学科研修的本质是走进教育现场，围绕真实情境中的主题、问题构建一个研修共同体，通过共同体中的任务分担、经验分享等实践系统活动，实现教学问题的不断发现和解决。基于问题发现和解决的学习共同体建设，要在日常教学工作中发现问题，以问题解决引导学习和讨论，通过问题的不断发现和解决提升专业水平。学科教研组作为专业性的学习共同体，其建设的最终目的是促进教师的专业发展和生命的真实成长，通过教师的发展进步促进形成品牌学科组。

下 编 "圆满教育"实践

第六章　圆融管理

导读

洪教授的"一米阳光"

北京师范大学教授、博士生导师，北师大高等教育研究所常务副所长，国家教育考试评价院执行副院长洪成文老师曾给我们作"学校领导与管理创新国际比较"专题讲座。讲座中，洪教授关于学校管理的创新观点让我茅塞顿开，原来"创新"可以这样理解，也可以这样来做。

洪教授一副老顽童的样子，笑脸常开，上课伊始用夹生的广州话和我们调侃了几句，引得大家哄堂大笑。难怪同事们都称他为"阳光教授"，真是名副其实。听完洪教授的课，细细玩味他的这"一米阳光"——学校管理的创新，感受到学校管理其实不是那么繁杂。洪教授关于学校管理的理念有四大方面：

一、办学理念

办学理念凝练有三招：有理论支撑，具体可操作，科研一贯性。例如北京市光明小学的办学理念就是从柳斌同志（曾任教育部总督学）的一首诗里提炼。柳斌诗曰：

回首过往岁月，

那百年屈辱，灾难深重的年代啊，

中国被讥为：

这也不行，那也不行。

是那"中国人从此站起来了"的一声春雷，

改变了中国人的历史命运。

展望新世纪，

我们理想远大，

我们豪情满怀，

我们壮志凌云。

展望新世纪，

东亚睡狮已觉醒：

我能行，我们能行！

我们中华民族能行！

二、管理支持

领导的基本元素——支持。支持谁？支持什么？如何支持？比如支持教师，支持评职称，提供行政管理的机会。如果对评职称和行政管理都没有兴趣了，那支持什么？可以送他们参加国内培训，或去国外培训。这就是要做到管理支持。

三、领导团队

什么是好的团队？如何建构？副手发展得好的团队，才是好的团队。副手的发展，可以将校长"垫高"。

四、荣誉叠加

要让老师（包括校长）珍惜荣誉，多给教师们荣誉，做到荣誉叠加。

洪教授这些简易的理念和可操作的实践观点确实给我们这些办教育的人启发。教育管理真的没有那么繁杂，要学会将复杂的事情简易化。正如有校长谈感受时说："作为一校之长，你能为学校留下什么？如果不创新，我们就会不断重复别人的故事，在原地画圆圈，难有突破，不谈有进展。如果我们换一种思维，转换一个视角，把脚往前稍稍迈出一步，我们的管理将会充满阳光和色彩，教育的前景将会更加辉煌和灿烂。"

参观首都师范附小，我们知道了"学校管理创新并不是高科技的活儿"这一道理。首都师范附小办学的创新之举，在于以"童心教育"为办学理念，追求"人的发展"，关注"学生的成长"，关照"孩子的心灵"。学校、家庭、社会同心呵护童心、同心哺育童心、同心发展童心，使学生成为一个有率真性情、有关爱德行和有求索能力的人，为"充满童心的幸福人生"奠定基础，让学校成为受人尊敬的学苑和求索乐园。这所学校的校园环境建设立足于体现童心化，校园的每一个角落、每一个场所、每一个建筑都能唤醒童心，使师生置身于真诚、温暖、欢乐的氛围中，让纯真、斑斓、有梦想的童年在这里得到雨露的滋润。

该学校以童心管理、童心德育、童心教学为策略，让学生在童心课程、童心活动、童心评价中成长。学校以"创新力培养"为中心开设系列校本课程，让每一个孩子都能快乐地生活，健康地成长。

该学校坚持在理念上创新，策略上创新，行动上创新，该校学生在全国、地方等各级各类比赛中均有获奖，其中民族体育舞龙多次参与"迎奥运、庆奥运"等大型活动，赢得好评。学校在近几年的教育实践中取得了可喜的成绩。先后与美国、英国、加拿大、新加坡、澳大利亚等多国的教育专家及师生进行友好交流；先后获得北京市课程管理先进校、北京市科研先进校、北京市文明礼仪示范学校、北京市体育管理先进校、海淀区德育管理先进校、海淀区教学管理先进校、海淀区艺术教育先进校、海淀区小学素质教育优质校、海淀区学习型示范组织、海淀区和谐校园样板先进单位等荣誉称号。

学习洪教授的"一米阳光"，反思自己的办学理念和教育实践与首都师范附小的差距，我觉得要扬鞭奋蹄，奋起直追，办孩子喜欢的教育才是我们学习、参观的真正意义所在。

"圆满教育"，着力于践行充满生命活力的新样态教育理念，致力于打造充满生命活力的新样态学校。

"圆满教育"的顶层设计，是"圆融管理"。圆融管理，是指学校在国家办学精神和办学方向的指引下，制定学校自身科学发展的规划，完善学校内部管理规章制度，关爱师生，以规育人、以心育人，促进学校良性发展、教师幸福工作、学生全面发展的管理方式。

圆融管理，有发展规划，要绘制新样态学校蓝图；有管理措施，要提升学校决策执行力；有管理价值追求，要减负提质；有管理特色，凸显包容性。

以规育人是圆融管理育人的原则。事关学生的发展大计、学生切身利益，要不折不扣地按各项规章制度办事，并力求做到公平、公正、公开，让学生在良好的教育生态环境中健康成长。

以心育人是圆融管理育人的核心。学校的教育面对的是一个个有鲜活生命的个体，学校、教师在教育学生时，要时刻考虑如何使这些个体得到完善的发展。首先，对学生的生存状态和生活方式以无微不至的人文关怀，实行增值评价、过程性评价；其次，尊重每个学生的个性，适性扬才；再次，包容学生在成长过程中犯的错，让学生在适度宽松的环境中健康成长。

第一节　圆融管理前瞻设计：学校发展主题战略

学校的发展竞争日趋激烈，互联网时代决定现代学校必须有自己的精准定位，走属于自己的特色发展之路，打造属于自己的战略品牌。

当前，随着学校的多样化、特色化发展，许多学校纷纷提出各自鲜明的主题，来规划、设计和引领学校发展。对于任何一所学校而言，提炼发展主题是一种非常理想有效的内涵式发展策略。

特色学校发展主题，就是学校在一定发展阶段提出的思想主张，它是学校发展内容的主题和核心，是校长和教师对学校发展的思路、途径、手段和策略的综合思考和统一主张，更是学校发展内涵的最系统表达。

确定发展主题，进行前瞻设计，可以绘制新样态学校的美好蓝图。

一、融入新样态学校管理标准

在相关法律法规的指导下，新样态学校建设要融入学校管理标准。

1. 全面领会校长专业标准

校长提升专业能力，首先要全面领会校长的专业标准是什么，进而用标准引领专业能力的提升。2013年，教育部印发了《义务教育学校校长专业标准》，基本理念是"以德为先、育人为本、引领发展、能力为重、终身学习"。基本理念突出了立德树人这一教育根本任务，强调了校长需要坚持成长和提升能力。

校长提升专业能力，有多级多项指标。其中的6个一级指标，包括"规划学校发展、营造育人环境、领导课程教学、引领教师发展、优化内部管理、调适外部环境"等方面；18个二级指标，包括"专业理解与认识、专业知识与方法、专业能力与行为"等方面；另外，还有60个三级指标。这些层级与各项指标，我们都要学懂、弄通、做实。

2. 全面把握学校管理标准

2014年，教育部印发了《义务教育学校管理标准（试行）》并启动实验区工作。2017年，教育部正式印发《义务教育学校管理标准》，其基本理念是："育人为本，全面发展；促进公平，提高质量；和谐美丽，充满活力；依法办学，科学治理。"这一理念同样突出了立德树人这一教育根本任务，强调了全面性、全体性的质量导向以及和美、活力、依法、科学的管理导向。其基本内容包括：保障学生平等权益、促进学生全面发展、引领教师专业进步、提升教育教学水平、营造和谐美丽环境、建设现代学校制度等6项管理职责和22项管理任务、88条具体内容。

校长要对学校管理标准对标研判，把标准的各项要求落到实处，让学校成为标准化管理学校。

3. 提升校长的核心素养

关于校长的核心素养的论述较多，纵观各种表述，结合十几年校长岗位的实践反思，我认为校长最应当关注三个方面的素养：

一是教育情怀。要做教育，首先必须要有教育情怀；要做好校长，就要有更为高尚的教育情怀，要像人民教育家陶行知那样拥有"爱满天下"的教育情怀，并用"捧着一颗心来，不带半根草去"的信念去诠释教育情怀。

二是学习力。校长的学习力本身就是一种影响力。校长有学习力，能坚持学习，便会越来越明白该做什么样的教育、该怎么做教育、为什么要这样做教育。

三是行动力。"力行近乎仁"，校长行动力本身也是一种影响力。陶行知先生在《三代诗》中就写道："行动是老子，知识是儿子，创造是孙子。"他还有一句耳熟能详的名言"行是知之始，知是行之成"，这个知行合一观与马克思主义的"实践—理论—再实践"的实践观是一致的。有行动就会有收获，能坚持才会有创新，有创新就必定会进一步厚植教育情怀。

4. 依法依规治理学校

依法依规是治理学校的根本。然而，融情治、理治于法制更符合当下社会学校治理的实际。法、理、情兼顾并重，而以情为指导纲领，一切在合理中求圆满，方合乎文人高水准的要求。

依法依规治理学校事关学校的发展大计、师生切身利益、学校主流的舆论导向，要坚持原则、明辨是非、伸张正义，不折不扣地按学校各项规章制度办事，并力求做到公平、公正、公开，促使事情圆满顺利办成。

学校管理不是单纯地宣布上级文件，不是一味地要求下级严格服从上级的命令，而是要在民主的基础上，通过协调与合作来完成任务。在学校管理中，人人都是管理者。以"校兴我荣"的理念，对教师、学生宽容、理解，形成一个和谐平等、相互尊重并具有向心力的集体，将全体教师"扭成一股绳"，为实现共同的目标而努力奋斗，为提高生命质量和幸福指数而努力追寻。

二、显现新样态学校管理特征

学校新样态管理，应该讲制度，有人文，创和谐。

在学校管理过程中，我们要执行管理制度，有管理制度的约束，同时，面对充满生机的校园又要多一些人文管理。最好的方式是让制度约束与人文管理和谐共振，从而实现学校的圆融管理。

1. 制度约束是基础

国有国法，校有校规，没有规矩，不成方圆。一所学校要正常运转，学校的各项工作要取得成效，就必须依托刚性的制度加以约束。学校需要逐步完善岗位职责、管理制度、考核奖惩等一系列制度文本，做到有令必行，有禁必止，发挥其强有力的规范、引导、激励和保障功能。没有完备的管理制度的约束，人性化管理就无从谈起。规范的、完备的、科学的管理制度确立并落实，才能实施人性化管理，从而提高行政管理效能。

比如有学校制定了《学校质量管理手册》，这是与教学管理相关的制度。分为学校章程、学校发展历史、学校基本制度、学校教学管理制度、学校程序性制度及其他制度与规定等六个部分，其中重点是学校教学管理制度，列出了学校规范、教师规范、教学规范、课堂规范、学生规范等十五条二十八点，狠抓过程和细节，做到细、实、准，从而把主要的、关键的东西抓紧抓实，提高教学质量。有了这个刚性的制度，才能提高管理的效能，提高教学管理的质量。

有不少的学校通过一系列管理制度，如考评制度、奖惩制度和用人制度的建立，大力促进教师加强合作，充分调动每一个教师的积极性，充分挖掘每一个教师的潜能，促进学校教育高质量发展。这也是制度约束所达到的管理效果。

2. 人文管理是主导

我们主张"以法治校"，更要坚持"以德立校"。制度是刚性的，管理可以是柔性的。在学校日常管理中，不少教师反映感到压力大、力不从心、焦虑。这时我们就应该进行人文管理，多些人文关怀，帮助教师从工作压力和职业倦怠感中解放出来，让他们感受到从事教育事业的幸福。

人文管理是针对传统的制度管理的弊端提出来的，旨在追求人文关怀的一种管理取向，在管理不断科学化的今天，人文管理顺应了、也必将引领教育教学改革的历史潮流。它是要求在执行制度的前提下，按照师生个体的发展进行管理，为师生个体的发展创设情境。教育改革的不断深入发展，学校更应注重人文管理，尽力满足师生的合理需求，充分尊重和信任广大师生，引领师生共同发展。

我们可以多尝试做一些人文管理工作，比如把温暖送给师生，为广大师生办实事、办好事；把快乐送给师生，关注师生的身心健康，组织全校师生开展丰富多彩的文体活动，展示风采，愉悦身心；把动力送给师生，让师生实现自我价值；把民主送给师生，让广大师生以不同形式参与学校管理，使学校的决策能真正集民智、聚民心、应民意，增强师生的主人翁意识。

3. 制度与人文和谐共存

学校管理，既要注重科学化的制度管理，又要重视人性化的人文管理，两者有效结合，才能实现管理最优化。忽视制度管理，教师的思想尚未达到自律的境界，人文管理只能成为空谈。而当人文管理发展到一定阶段会形成许多成熟的经验和做法，这时可以将其制度化，从而用制度保障人文管理的成果，使人文管理在新的平台上得以继续发展。[1]

在学校管理过程中，制度约束与人文管理互为基础，相互渗透，但又相互抵触。科学的制度约束必然能够形成浓郁的人文气息，真正的人文管理也需要科学完善的刚性制度。但是过分依靠制度的约束必然导致学校人际关系的紧张，校园缺乏生机活力；而片面实施人文管理忽视制度束缚，也会出现纪律涣散。所以说，我们应该树立以人为本的理念，依托刚性管理制度，合理科学实施人文管理，让二者和谐共振，让学校管理充满生机和活力。

科学化的制度管理是学校人文管理的基石，人性化的人文管理是学校制度管理的升华。这正是学校"圆融管理"的特征。

三、精准绘制新样态学校蓝图

学校发展规划是学校的美好蓝图。它是学校发展的纲领性文件，是学校办学目标的细化，是学校各项工作的航标，是学校凝聚全体师生员工的力量源泉，是学校办学特色和校长办学理念的体现。

2013年11月至2014年1月，我参加了江、浙、粤三地的跟岗培训活动。下面，以江、浙、粤三所学校发展规划案例为标本，来阐释如何精准绘制新样态学校蓝图这一问题。

1. 从江、浙、粤三地学校发展规划案例中得到的基本经验

我通过对江、浙、粤三地的三所学校发展规划个案的比较研究，发现三地在

[1] 周久志. 追寻制度管理与人文管理的理想境界 [J]. 江苏教育，2008（5）：37-38.

规划学校发展这一方面有以下基本经验：

（1）自我诊断，科学定位

陈玉云在《学校发展规划的制定与管理优化》一文中提出，"发展规划制定过程的首要环节就是要做好自我诊断，找准学校发展基点。"[1]

对于学校管理者而言，校长会经历一个诊断意识和诊断能力形成的过程，发现学校"主观期望发展状态"与"客观发展状态"的差距，找准差距形成的原因，确定学校新的发展方向和对策。

对于教师而言，学校发展现状自我诊断也是教师个人反思与集体反思的过程，学校发展现状的自我诊断，不仅是管理者的事，更需要全体教职工甚至学生的参与。在这一诊断过程中，教师对其专业行为与活动进行反思，对目前自我专业发展状况和发展水平进行反思，对自己在学校中所扮演的各种角色进行反思，对自己的人格特质和工作价值观进行反思。通过这些反思，教师的专业行为得到改进，教学成效得到提高，今后的专业发展方向也会更加清晰。为此，教师在谋划自身专业发展时，应该剖析自身特征，给自己正确定位，以更高的目标调整自己的行动。

对于学生而言，学校发展现状自我诊断有利于培养学生自我管理能力。因为在学校规划制定过程中，学校要搭设一些平台，让学生对自身综合素质发展情况进行自我剖析，这种自我剖析过程，可以培养学生的自控能力，提出自己的发展目标，按自己的目标主动行使控制权，把教师的控制转化为自我激励，实现有效的自我管理。

制定学校发展规划绝不是校长一个人或少数干部的事情，而是通过全校教职员工的共同努力，系统地诊断、分析学校原有的工作基础，确定学校的发展目标，优选重点发展项目，促使学校挖掘自身潜在资源，提高管理效能和教育质量的过程。只有全体教职员工充分表达自己的意愿，献计献策，形成共识，才会使规划具有生命力和价值，才会提高全体师生实施规划的积极性、主动性。

规划制定过程应该是"自上而下"与"自下而上"相结合的民主制定过程，这其实是学校管理决策程序的重大改变，即在执行重大决策前，广泛听取教师的意见；在遇到问题时，能以研究的心态来对待，开展调研，寻找解决问题的办法。而学校利益相关者广泛参与学校管理，又推进了学校民主管理的进程。

---

[1] 陈玉云. 学校发展规划的制定与管理优化 [J]. 北京教育（普教），2012（6）：16-17.

学校发展规划的制定必须是学校相关利益群体广泛参与的过程，这是规划顺利实施的前提条件。正如江苏南京成贤街小学在编制规划前，要向退休老校长、退休老师以及学校各方代表多方征询意见，分析了学校的优势和面临的挑战，制定了学校"十二五"规划初稿，经学校行政、教代会、工会讨论，最后经全体教师通过，确定了学校的"十二五"发展规划。又如浙江杭州娃哈哈小学编制规划，是在上城区教育局的指导下，认真总结前三年发展规划实施的经验与不足，并通过调查问卷、多方访谈等方式，分析问卷数据，搜集各类意见，开展SWOT分析，立足学校现状，谋划未来发展，探寻发展途径，制定2014—2016学年学校发展规划。再如，广东东莞松山湖中心小学在编制规划前，专门成立了规划编制组，召开三四次"学校发展规划"主题研讨会，专门聘请华中师范大学教授来"把脉"指导，现已根据学校的教学现状，确定了五年规划的"抓手"。

学校在进行自我诊断后，找出发展的"突破口"，根据"突破口"制定战略，对学校未来的发展进行科学定位。比如，江苏南京成贤街小学校长提出学校办学目标是：办一所孩子喜欢的学校，办一所家长放心的学校，办一所教师舒心的学校。整个十年都围绕着"教学质量上乘，学科特色鲜明，校园环境优美，管理现代化的一流省级实验小学"这一目标来开展工作。又如，浙江杭州娃哈哈小学校长提出在"博雅尚美"办学理念指引下，积极践行"一体两翼"办学模式，打造具有"广博知识、优雅气质和审美情趣"的教师团队，构建基于儿童个性发展的学校课程，培养"人格健全、气质优雅、全面发展、艺术见长"的学校学子，把学校建设成一所精品化、特色化、国际化的艺术教育品牌学校。再如，广东东莞松山湖中心小学在规划学校发展时，提出"让教育从生活开始，与生命同行"的办学理念，形成教育生态平衡的办学特色，促进师生自主、和谐、共同发展，确立了"把学校办成与社会发展相适应的、能与世界先进教育对话的国内一流学校"作为学校的办学目标。

由此可见，江、浙、粤三地三所学校的校长在规划学校发展时，都非常重视对学校历史、文化、优势、劣势等情况进行自我诊断，根据学校情况，科学定位，制定学校发展规划。

（2）找准特色，个性设计

闫德明教授认为，学校发展应有个性化"施工图"。[1]学校发展，何去何从？怎样规划，才能使学校迅速发展呢？如何在全面贯彻党的教育方针的同时，

---

[1] 闫德明. 学校发展应有个性化"施工图" [N]. 中国教育报，2011-07-05（6）.

在激烈的学校竞争中保持自身特点，达到人无我有，人有我优的境界？的确很考验校长的思考规划能力。

学校发展规划制定过程的一个首要环节，是做好自我诊断，重点对学校内部的优势、劣势、机遇、威胁等作出科学诊断与分析，找准学校改革发展的切入口和生长点，确立学校发展的起点，理清思路，认清方向。尤其要找准强项和弱项，因为强项常常是形成学校特色的基础，弱项往往是学校发展的瓶颈所在，可以说，他们是学校自身发展的基点。学校的发展包括诸多方面，齐头并进反而会相互削弱，学校应该首先确定优先发展项目，正如谢利民所说："学校发展规划的制定是一个系统策划的过程，它涉及学校当前和未来阶段性发展的多方面的内容，但作为发展规划而言，不可能在一个阶段内就完成学校在未来发展过程中的所有事情和工作。"[1]因此，学校在制定发展规划时，不能"眉毛胡子一把抓"，应着力选择最有利于推动学校各项工作的若干重点发展项目（或优先发展项目）。选择项目不要太多，不必覆盖学校全部工作领域，关键要做深做透，集中力量，突破一点，带动全面，形成学校特色。如果能创立一项引领性的"龙头课题"，依托项目，实施规划，达成目标，实现发展，不失为英明的举措。

比如，江苏南京成贤街小学"十二五"规划的抓手是学科特色品牌项目打造和职初教师成长。又如，浙江杭州娃哈哈小学坚持走以艺术教育为抓手的特色发展之路，实施学校特色优先发展战略，彰显学校办学个性，增强学校品牌影响力，让艺术教育成为学校办学锦上添花的一面旗帜。再如，广东东莞松山湖中心小学确定第一个五年规划的抓手是学校课程再造，第二个五年规划的抓手是教师生态发展，第三个五年规划的抓手是教学方式变革。

由此可见，江、浙、粤三地三所学校的校长在规划学校发展时，都会找准特色，对学校进行个性设计，着力创建特色学校，凝练学校文化，打造学校品牌。

（3）强调执行，促进发展

张淑伟在《中小学如何编制学校发展规划》一文中提出发展规划目标达成的保障措施。[2]

首先，校长是第一责任人，校长应对学校的办学目标、核心理念和发展思路准确定位，引领学校的发展方向。学校的行政管理部门、教育教学管理部门承担着规划的贯彻、落实和有效执行等任务。学校的党组织对规划的实施起着政治引

[1] 谢利民. 学校发展规划的制定、实施与评价 [J]. 教育研究，2008（2）：86-89.

[2] 张淑伟. 中小学如何编制学校发展规划 [J]. 河南教育（基教版），2014（Z1）：16.

领和监督保障的作用。教代会是教职工参与学校管理的机构，教代会在规划编制时要广泛听取教职工、学生、校友和社区代表的意见，并参与学校规划的讨论和审议。其次，要健全规章制度，为规划目标的达成提供制度保障。在规划实施评价过程中还要实行问责制度和过错追究制度，强化绩效考核体系建设。最后，要做好实现规划目标的后勤保障。除了学校内部人力、物力、财力的保障，还要积极争取行政部门、家长和社区的支持和帮助，接受行政部门的指导与服务，接受家长和社区的监督。

规划文本制定完成后，并不意味着制定工作的结束，还应该进行一些后续工作，对学校发展规划进行评价和完善，并将发展规划细化分解成具体可行的计划，融入学校日常工作中。只有执行学校发展规划，强调规划的执行过程，才能真正实现学校发展目标。发展规划执行是检验规划科学与否的唯一标准。通过执行，不仅可以检验规划，还可以不断地充实和完善规划，若在执行规划中发现问题和不足，则需要修正和弥补，促进规划质量的提高，使问题得以解决。

学校发展规划是一个行动改进的过程，从最初的问题诊断、分析问题的主要原因，到制定目标，设计行动方案，实施方案，并且评估与改进，这一系列的行动过程，需要时刻关注行动的作用及出现的问题，需要不断进行反思、总结，并提出有针对性的措施。可以说，实施学校发展规划的过程，就是一个不断行动—反思—再行动—再反思的循环往复，是一个指引学校不断走向成熟的过程。学校发展规划的主体是全校的共同体，在制定规划时考虑了不同群体的利益，征求各方的意见，发挥成员的智慧，群策群力为学校发展谋出路，这有利于增强教职工的主人翁意识，激发他们的工作热情，让他们乐于以校为家。与此同时，规划的内容更契合普通教师的需要，有利于教师将个人发展目标与集体发展目标更好地融合，在改进学校的同时实现自身的发展。当学校共同体成员的行动方式发生改变时，学校才真正意义上得到发展。

比如，江苏南京成贤街小学在校"十二五"规划第六部分就明确提出了"保障措施"。在后来的执行过程中，也是按照校"十二五"规划提出的"保障措施"来落实的。成立"学校教师发展工作室"，关注职初教师的成长等。

又如，浙江杭州娃哈哈小学在规划执行中有计划、有措施，成立了学校规划实施与自评工作领导小组和工作小组，全面负责规划的调研、制订、论证、实施、评估等工作。各部门负责人紧紧围绕规划，制定各学期的部门工作计划。同时，召开年段长、教研组长会议，将规划目标进一步分解到年段组、教研组的工作计划中。每学期制订本年度的实施方案和校本评价方案。每学年依据评价方案对规划的实施情况进行自测。学校对规划所涉及的各个项目所需的各项经费进行预算，争取上级部门的支持，保证规划实施过程中的经费投入，保障师训、科研、教学及课程建设等各项工作的顺利开展。

再如，广东东莞松山湖中心小学为确保规划的实施，制订了实施策略。第一，制度保障。学校在执行过程中不断发现问题，解决问题，制定相应的激励机制。比如，2014年制定了《东莞松山湖中心小学教师发展平台之教师发展评价方法》和《东莞松山湖中心小学教师发展平台第二届"争先创优"量化考核评分标准》。第二，扁平化管理。比如，学校实行"我的教室我做主""我的社团我做主""我的办公室我做主""放手、放权中层干部、教师""校长直接委任一人负责"的工作策略；谁负责这项工作，谁就拿出这项工作的计划来，并要有具体安排、执行措施，负责抓落实，拿出成效来。第三，科研带动。学校利用广东教育学会"十二五"科研课题立项的课题"生态视野下有效教师群体发展的实践与研究"这一平台来带动教师专业发展。

由此可见，江、浙、粤三地三所学校的校长在规划学校发展时，都强调规划的执行，只有执行学校发展规划，强调规划的执行过程，才能真正实现学校发展目标，才能促进学校发展，达到制定规划的目的。

2. 从江、浙、粤三地学校发展规划差异中得到的创新经验

我通过对江、浙、粤三地个案研究，发现三地在规划学校发展时也存在一些差异：

（1）在课程改革政策的政府扶持方面，江浙地区的力度较大

三地课程改革方面的政策存在差异。江浙两省都出台了省基础教育课程改革实施意见，为学校进行课程再造、课堂教学改革提供了纲领性文件，课改由自发行为变成了政府意志，层层发文，层层监督执行，学校校本课程的开发以及课堂教学的改革才真正得以落地生效。在现阶段，政策支持所生产出来的学校特色课程产品，与自发行为生产出来的学校特色课程产品，各具特色。这两类课程产品，都是学校课程改革的成果，必然对当前学生的个性发展、素质提高产生良好的影响。

（2）在教育资源均衡方面，江浙地区的集团办学模式值得借鉴

三地办学政策存在差异。为促进学校、区域均衡发展，从2013年开始，国家教育督导委员会启动义务教育均衡发展评估认定工作，并建立了复查监测机制，

对已通过国家评估认定的地区进行监测和复查。截至2015年，全国通过义务教育发展基本均衡督导评估认定的县（市、区）达1124个，其中京、津、沪、苏、浙5省（市）已整体通过国家教育督导委员会的均衡评估，江浙两省就在其内。例如，江苏南京成贤街小学经历了名校并弱校、名校办分校、学区一体化等路径，才有今天强大的教育集团。江浙两省教育集团办学的成功，很好地解决了择校问题，满足学生家庭对优质教育资源的渴望，真正实现了教育均衡。学校管理水平、设施设备、师资力量、生源等教育资源的不均衡，势必影响学校规划的制定。校长在主持制定学校发展规划时，还要以校情为"根"，根据学校实际情况制定学校发展规划。

（3）后勤服务社会化改革方面，江浙地区做法值得学习

三地政府下拨学校经费方面和对学校后勤服务工作的管理方面的政策存在差异。江浙政府公用经费、教师绩效奖、教师培训费、基建费、后勤服务费、校长奖励基金、学生餐费补贴等各项经费的大量投入，按学生100人配备一名厨工，学校开设的校本课程、社团活动均另计工作量，发放补贴。基建、设施设备、饭堂、清洁、园林等后勤服务统一由区政府采购或招投标，一名后勤行政跟进，校长的精力主要放在集团学校内部管理和教育教学上。如果后勤能够社会化，校长从繁杂的后勤事务中解脱出来，校长在主持制定学校规划时，就会有更多的精力放到抓学校教育教学工作上来，对提高教学质量，办出学校特色，促进学生的发展，也非常有利。

（4）三地的学校人事分权程度有差异，对学校规划的落实有不同的影响

三地政府在学校人事制度方面存在差异。江苏开启"学区一体化"集团办学模式。品牌学校成为"学区一体化"教育集团的领衔学校"1+N"办学模式中的"1"，而"N"包含分校和区内托管学校。分校和托管学校均与总校为一体化管理模式。不同之处是，分校由总校派出一名副校长负责分校工作，财务不分开。托管学校另有法人，财务分开。教育集团定期召开"圆桌"会议，教科研同步，资源共享，管理一体化。集团人事实行交流制。

浙江把人事权下放到教育集团。教师统一由教育集团调配，集团内教师每年调动，而且实行末位淘汰制。教育集团制定教师绩效考核制度、集团内部视导制、积分制。教育集团下设党支部、理事会、教代会和集团家委会。四个部门职责分明，相互促进、相互监督。集团内的事情由集团董事会讨论决定。真正实行了扁平化管理，各司其职，各履其责。庞大的教育集团，唯有创新管理，才能激

发出教师队伍鲜活的动力。

江、浙、粤三地地域政策的差异势必导致校长在规划学校发展时，在学校内部制度的制定、课程改革的方向及力度、后勤工作的力量投入等方面出现差异，势必会造成学校发展、教育水平的差异。综上所述，江、浙、粤三地三所学校在规划学校发展时，不仅有共性，也存在差异。江、浙、粤三地三所学校在规划学校发展时，都重视对学校进行自我诊断、科学定位，都重视找准特色、个性设计，都强调执行、促进目标的达成。但是，由于三地在政策、后勤服务、教育资源分配、人事调配管理等方面存在差异，势必造成校长在规划学校发展时，课程改革的力度和质量会存在差异，发展重心会有差异，视野、起点会存在差异，师资建设、教师专业水平提升方面都会存在差异。根据三地在规划学校发展时从文本、编制过程、执行情况三个方面进行个案分析，找出共性和差异，以此作为借鉴，互相取长补短，期待跟岗学习能提升校长规划学校发展的能力，为广州的教育事业贡献自己的一份力量。

第二节　圆融管理减负意识：有效作业设计方略

2021年7月，中共中央办公厅、国务院办公厅印发了《关于进一步减轻义务教育阶段学生作业负担和校外培训负担的意见》。这是党中央、国务院从为党育人、为国育才的战略高度，坚持以人民为中心的教育理念，克服功利化、短视化教育行为，为落实立德树人根本任务、发展素质教育，保障每个儿童的健康成长作出的重大决策。[1]圆融管理要求牢记立德树人的使命，全面发展学生的核心素养，并且积极探索作业的有效设计与布置，切实减轻学生学业负担。

一、圆融管理的初心是减负提质

教育的本质是立德树人，不是应试竞争的"跑马场"。我国中小学教育由于短视化、功利化应试教育的驱动，中小学教育围绕升学考试科目，大量增加学生的上课、作业、考试和校外学科培训时间，导致学生单一的考试升学负担日益沉重，学生的学习生活日趋单调，既破坏了学生德智体美劳全面发展的教育生态，又严重影响了学生的身心健康和学习、生活质量。

例如，坑口小学的圆融管理就是优化学生的成长环境，改变单一的应试教育

---

[1] 张志勇."双减"背后教育观念的大变革[J].小学教学研究，2021（30）：1.

局面，保障学生的德智体美劳全面发展，破除不尊重教育规律的观念，切实履行"减负提质"的基本原则。

二、作业设计存在的问题

从1955年《关于减轻中小学生过重负担的指示》到2021年《关于进一步减轻义务教育阶段学生作业负担和校外培训负担的意见》，时间跨度达60余年，以党中央、国务院和教育部名义颁发的规定就有14项之多，各地的减负令上百项，但学生的负担却越来越沉重。例如，坑口小学学生作业设计问卷调查反映存在的问题有：

1. 作业类型较单一，缺乏学习吸引力

在作业类型调查中，常规抄写作业最多，依靠重复性作业使学生巩固知识，比较单一。长此以往，单一化的作业设计会使学生失去学习兴趣、学习自主性，使学生对完成作业产生厌倦心理。

2. 作业内容少差异，缺乏作业分层化

在作业内容上没有注意难度分层。不同学生对作业难度有不同的需求，当全班学生作业形式相近时，会出现以下情况：若作业难度较小，对成绩中下游的学生可起到温故知新的作用，但对成绩优异的学生提升较小。

3. 作业学科总量多，缺乏学科间协调

学科之间的作业缺乏统筹，各学科教师不了解学生每门学科具体的作业量，最终导致总体的作业量过多。学生疲于应付众多作业，势必影响其作业质量，那每科作业效果也就大打折扣。因此，学科教师要有大局意识，不能各自为政，应互通有无，加强学科间协调。

三、作业设计优化方略

1. 分层：适应学生差异性

因材施教理念要求教育者根据受教育者的个体差异施教，促使受教育者获得最佳发展。教师没有根据个体差异来布置分层作业是人们对现行作业批判最多的原因之一。差异性分层作业要求教师设计、批改、讲评与辅导时，充分关注学生在已有知识技能基础、兴趣爱好、学习动机、学习能力、认知风格、性别差异、智能倾向、意志力等方面的差异，从而更好地实现因材施教。教师可通过下述四种方式解决：一是通过作业的不同难点或者数量来体现差异；二是通过不同作业类型来体现学生学习风格或兴趣的差异；三是通过给学生提供不同的结构性材料

或者学习支架来体现差异；四是根据学生前一次作业诊断的问题，布置跟进性作业，体现不同阶段学生的发展差异。

2. 玩中学：适应学生发展规律

以游戏的作业设计培养学生思维品质，促进认知能力发展，顺应学生天性。思维包括四大重要品质，即思维的深刻性、系统性、灵活性、敏捷性。在学生认知能力培养上，可以从这四个重要品质入手，切合学生发展规律，让学生通过游戏作业实现"玩中学"。

思维的深刻性，是指思维活动的深度。致力于学生逻辑的层层推进与批判性（反思性）思维，游戏便是思维深刻性培养的良好载体。思维的系统性是指思维活动的有序程度，以及整合各类不同信息的能力。系统性思维培养需要帮助学生养成有条理、有根据的思维习惯。思维的灵活性是指思维活动的灵活程度，引导学生在游戏作业中尽可能地打开思路，多角度思考问题，将知识变得"活"起来。思维的敏捷性是指思维活动的速度，它反映了智力的敏锐程度。有了思维敏捷性，在处理问题和解决问题的过程中，就能够根据变化的情况积极、周密地考虑，进而正确地判断和迅速得结论。

3. 重协调：学科内协同、跨学科融合

跨学科作业要求学生将信息、资料、技术、工具、观点、概念和源自不同学科的理论加以整合，以解决问题为导向，跨学科作业更加有助于发挥作业的课程育人功能，拓宽学习时空，这也是课程视域下作业观所必须考虑的作业类型。跨学科作业更加强调情境性、主题性、合作性、长周期性、分水平评分标准等。

跨学科作业是指不同学科之间的融合应用类作业，那么学科内也可以设计综合实践类作业，与跨学科作业本质一致，共同实现整体育人要求。无论是跨学科还是学科内的综合实践类作业，都需要考虑科学性、可行性和必要性，与学科作业形成合理比例，才能形成有机整体。

四、减轻学生作业负担功夫在课堂

解决作业负担过重问题，功夫要下在课堂上。作业与课堂教学密切相关，可以说是课堂教学自然和必然的派生。课后作业并不仅仅是学生课后在作业本上去做练习题，而是课堂上学生的学习行为的延伸。要切实减轻学生作业负担，就要在每一堂课上，每一个环节、流程上落实知识点（学习任务—作业），当堂训练，即时训练。堂上不练堂下练，或者堂上练得少堂下做得多，那么学生的作业负担就重。

总之，设计与布置有效作业既是"减负"的手段也是基本目的，但是减负的根本目的是提质增效，是立德树人，是培养全面发展的人。

第三节　圆融管理之执行力：提升强执行力策略

以规育人是圆融管理育人的原则。事关学生的发展大计、学生切身利益，不折不扣地按各项规章制度办事，并力求做到公平、公正、公开，让学生在良好的教育生态环境中健康成长。

提升学校决策执行力，是圆融管理中制度管理的体现。

一、"学校执行力"的含义

1. 执行力是一种工作态度

执行力是什么？知名管理教育专家余世维先生说："执行力其实不是什么新东西，执行力首先是一种工作态度。"

"所谓执行力就是选拔合适的人到恰当的岗位上。"联想集团的创始人柳传志说。

"执行力就是员工在每一个阶段都一丝不苟。"戴尔电脑的老板麦克·戴尔说。执行力就是各类组织将战略付诸实施的能力，就是把会执行的人安排在合适的岗位上，就是在每一个环节都坚持一丝不苟。对个体来说，执行力就是保质保量完成自己工作任务的能力。

2. 执行力是一种自我负责的态度

有一则《三只老鼠偷油喝》的小故事：

三只老鼠一起去偷油喝。找到一个油瓶后，三只老鼠商量，一只踩着一只的肩膀，轮流上去喝，于是三只老鼠开始叠罗汉。当最后一只老鼠爬上另两只的肩膀时，不知什么原因，油瓶倒了，惊动了主人，三只老鼠逃跑了。

回到老鼠窝，大家开会讨论为什么会失败。最上面的老鼠说，我没有喝到油，而且推倒了油瓶，是因为下面第二只老鼠抖动了一下。第二只老鼠说，是因为第三只老鼠抽搐了一下，我才抖动的。第三只老鼠说："我因为听见外面有猫叫，怕了才抖的呀。"

"哦，原来如此呀！"三只老鼠恍然大悟。

原来，这三只老鼠都有责任。老鼠的心态在很多企业里都有，在学校里一样有。企业销售业绩下滑，学校教学质量下降，班级管理混乱，每一个员工、教师，每一个部门都为自己找借口。但是借口可以敷衍别人，却糊弄不了自己，最终大家都没有"喝到油"。如果一个企业、学校、部门里，没有人愿意承担责任，所有人的精力都浪费在找借口上，那么也就不会有人去寻找解决问题的办法。

因此，树立自我负责的观念是迈向坚决执行的第一步。你的工作不仅仅是对学校负责，最重要的是对自己负责。工作是你自己的需要，你要通过它来得到成长，特别是技能方面。放弃这种责任感，实际上就是放弃自我成长的机会。也许学校为此蒙受了损失，但受害最深的是自己。

3. 学校执行力

行政管理学上对"执行力"这样定义：执行力就是执行主体为确保组织整体目标和整体效能的实现而高质量地完成自己工作和任务的能力。就个人而言，执行力就是想干事、会干事、干成事，按时、高质、保量地完成自己工作的能力。对于学校而言，执行力就是学校教职员工将学校战略发展目标一步步落到实处的能力，是把办学理念、发展规划、学校计划、学校决策转化为学校发展壮大、教师专业成长、培养学生的变现力。

4. 执行力特征

第一，学校执行力具有目标性。学校发展需要确定可行的战略目标，只有当目标明确后，执行力才有了前进的方向。目标就如海航的明灯。

第二，学校执行力具有统一性。执行力需要行动，将理念转化为现实、计划转化为行动、决策转化为操作、目标转化为任务；执行力需要担当，执行者对任务负有全责，同样对任务的结果负有全责。

第三，学校执行力具有合作性。执行力是各个部门、全体员工执行任务的合力，并与学校其他发展因素相互促进。

一所学校之所以能"赢"，是赢在执行力。

二、学校管理中执行力不足及原因

哪些因素是影响执行力的"大敌"？政府部门和企业如何应对执行力不足带来的挑战？执行效果不佳的原因归结为八个方面：管理者没有常抓不懈；管理者出台管理制度时不严谨，制度本身不合理——缺少针对性、可行性；执行的过程过于烦琐；缺少良好的方法，不会把工作分解汇总；缺少科学的监督考核机制——没人监督，也没有监督方法；只有形式上的培训，缺少思想与心态方面的关怀；缺少大家认同的企业文化，没有形成凝聚力。[1]

企业、政府部门是这样，学校又何尝不是这样呢？执行力不足不仅是个体的态度引起的，还因为学校这个组织、系统出了"故障"。

1. 学校班子执行角色缺失

学校班子必须至少具有两种能力：一是规划决策能力，二是执行能力。然而不少校级干部往往重决策轻执行，重授权轻监督，认为执行属于细节事务的层次，是教职工的事情。他们往往重视目标的制定，而忽视了自己应"执行"的任务，或者有参与执行，但前紧后松，不能始终如一地坚持，甚至在执行中既充当规则制定者，又往往成为规则的破坏者，反而成了执行的最大障碍。在学校执行中，书记、校长是第一执行人，也是第一责任人，在学校管理中处于核心地位，他们在学校执行管理中出现的偏差，会严重制约学校管理中执行的力度。[2]

2. 学校执行组织体系失力

组织结构体系是执行力的基础，缺乏体系完整、精简高效的组织结构是执行力低下的关键原因之一。目前大多学校的组织结构模式是金字塔式的层级结构，从校长到普通教职工中间有多个层级。这种模式产生"传声筒"效应，执行过程是简单传递。这种多层级组织结构容易产生责权不明，管理效能低下的弊端。这种管理模式，中层干部对校长负责，教师对中层负责。中层干部和教师都处于被动接受的地位，学校成了完成上级各种任务的机构，淡化了育人的功能。

3. 学校管理制度执行失效

每所学校都制定有一整套管理制度，但一些制度在执行过程中，却出现各种偏差。有的制度形同虚设，有制不依、有令不行、有禁不止；有的制度执行不严；有的制度在制定之后没有随着时间、政策等变化而更新，执行过程中起不了规范、激励、评价作用。如果执行制度因人而异、因事而改、因情而动，学校管理制度就会失效。

4. 学校执行机制失灵

国内某企业曾做过一个调研，调研结果指出执行力低下有五大原因：一是不知道干什么，二是不知道怎么干，三是干起来不顺畅，四是不知道干好了有什么好处，五是知道干不好没什么坏处。究其根源是执行机制失灵造成的。解决"干

---

[1] 余世维赢在执行 [J]. 中国高新技术企业，2005（5）：74-77.

[2] 杨退. 学校管理执行力探析 [J]. 科教文汇（中旬刊），2012（3）：189-190.

什么"和"怎么干"等问题，首先得明确目标、计划和方案。[1]

每所学校都会制定中长期的规划，如校"十三五""十四五"等五年发展规划，规划出台也对其做了中长期目标分解，却没有配套实施方案，没有实施的时间表、路线图、责任人。学校教职工不知道"怎么干"，不知道"怎么干"才叫"干得好"，"干好干坏一个样"，是因为学校的评价、激励、惩戒等机制不完善。例如，学校在做二次分配方案时不想也不敢提高奖励部分的占比，使绩效工资方案无法起到一个奖优罚劣的激励作用。

三、提升学校执行力的策略

曾有企业家提道，"任何组织的成功都是5%正确的决策加上95%高效的执行，没有执行一切等于0"，"没有执行力就没有竞争力"。他们把执行力放在了非常重要的位置。执行力对一个企业的生存和发展具有重要的现实意义。海尔总裁张瑞敏曾提出"日清工作法"，即日事日清，日清日高。他将每项工作的目标落实到每人、每天，形成"事事有人管，人人都管事"的氛围，大到一台设备，小到一块玻璃，都有人负责。每天下班前要根据目标对工作完成的情况"日清"，而日清的结果又与本人的奖罚激励挂钩，这样便形成了目标、日清、激励三者间的闭环优化和良性循环。

流行于企业管理领域的"执行力"（如海尔"日清工作法"），大中小学校也可以参照。执行力高低决定着学校管理水平的高低，决定着学校竞争力的强弱，更决定着学校未来的发展。

1. 确立学校发展战略目标

发展战略目标是执行力的指向标，是学校战略发展的"主题"。只有制定明确可行的战略目标，执行力才有了前进的方向。确定学校发展战略目标，要深入思考学校发展面临的困难和挑战，发动专家、家长、教师、学生对学校办学定位、发展思路、发展目标进行讨论。由于历史、环境、条件等方面的差异，不同学校的发展定位应当各不相同。学校需要根据自身的历史背景、环境特点、学科特色、资源结构等实际情况，制定符合本校实际的特色发展目标，不能好高骛远，贪大求全。要按照以人为本的要求，确定学校发展目标，要本着"一切为了学生，为了学生的一切"来开展。

---

[1] 杨退. 学校管理执行力探析 [J]. 科教文汇（中旬刊），2012（3）：189-190.

2. 提升学校行政执行素养

从学校管理上来讲，校长和中层干部有好的执行力，就会有好学校。

校长要淬炼"引领力"。在提升学校执行力的过程中，校长要凝练学校办学思想，用科学的思想和科学的执行原则引领学校团队教书育人。在引领过程中校长要给自身定位，明确自己是第一执行人。校长要淬炼过硬的教学能力、创造能力、应变能力，引领团队高效地运营学校，促进学校教育高质量发展。

中层要锤炼"三力"。学校的中层干部是落实学校决策的第一层级执行者，学校要有强大的执行力，关键是中层干部要有强大的执行力。中层干部的执行力可归结为"三力"，包括领悟力、转化力和行动力。[1]第一要有领悟力。要深刻领会、解读学校的办学思想、工作决策。第二要有转化力。要善于将学校决策转化为具体的可操作的工作方案、工作计划。第三要有行动力。中层干部不能做简单的"传声筒"，不能做"甩手掌柜"，要带领部门落实学校的决策。

3. 优化学校组织结构

学校的管理改革不是简单的机构设置、调整、重组，关键在于改变管理方式，优化组织结构，提高管理执行力，提高管理效益。学校组织结构一般分为决策、管理、执行三级，实行扁平管理组织结构可减少管理层次，有利于信息快速传递，减少信息传递扭曲和执行失误。[2]实行扁平化管理要求全体成员参与，分工合作，提升团队的执行力。

例如，首都师范大学附属育新学校在进行学校管理结构改革的实践中，逐渐形成由党政联席会统筹校务委员会、党总支、工会的议事决策机构，构建了校务委员会统筹领导下的年级部教育教学事务管理与"八大中心"、教育教学质量督导委员会行政职能管理的扁平化治理组织结构（如图6-1）。在此组织结构模式下，管理重心下沉到年级组和职能中心。学校教育教学和行政后勤等各种事务工作得到最大限度的放权，同时各年级部和各部门的一线工作信息也能直达校务委员会，学校治理效能大大提升。学校管理实现了"党组织领导、党政联席会统筹负责、各部门协同、教职工甚至学生和家长参与"的共建共治共享，让信息传递效率最大化，让议事决策效果最优化，为进一步赋能学校高水平建设和高质量发

---

[1]王爽.提高中层干部执行力要着眼"三力"[J].中小学校长，2011（1）：37-38.

[2]杨遐.学校管理执行力探析[J].科教文汇（中旬刊），2012（3）：189-190.

展提供了强大的活力与动力。[1]

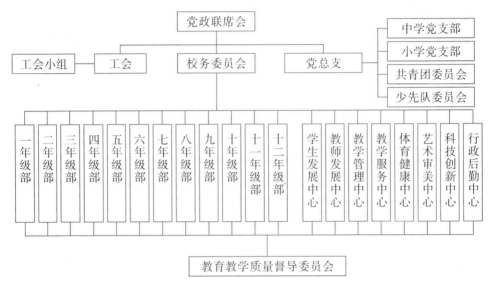

图6-1　扁平化治理组织结构模式

4. 健全学校执行机制

健全的执行机制，是形成规范、持久的执行力的必要手段，是提高学校执行力的重要保证。执行可简要概括为"计划—实施—控制"三大环节。[2]

计划是执行工作的施工图，没有计划就没有方向。强有力的执行要科学设计工作计划，计划中要列出时间表、路线图、任务单、责任人、操作法、成绩单等详细的信息。

实施是执行工作的具体行动。强有力的实施必须建立全员参与制度。学校育人目标的实现，每一位教职工都有应尽职责。行政领导要在工作实施中抓住关键问题，各司其职，各负其责。教职工要有主人翁意识，要做到有担当。

控制是执行工作的过程监督。强有力的工作执行要有公开、公平、公正的监督规则。在执行工作过程中实行全过程监控，及时发现问题，及时解决问题。强有力的工作执行要有奖优罚劣的激励制度。奖罚分明并及时发现目标与行动之间的差距和执行中的问题，及时协调和修正，用考核评价促使目标达成，通过有效的激励机制，激发团队的潜能。

---

[1] 王强. 变革学校组织结构 激发学校办学活力：首都师范大学附属育新学校赋能学校高质量发展的实践 [J]. 教学月刊·中学版（教学管理），2022（9）：7-10.

[2] 杨退. 学校管理执行力探析 [J]. 科教文汇（中旬刊），2012（3）：189-190.

第四节　圆融管理之包容性：尊重人性核心谋略

包容性是现代教育的一个重要特征，教育的包容性是社会文明的体现，也是教育文明发展的体现。近年来，在经济社会发展中逐步引入了包容性发展的概念，体现了经济社会协调发展、可持续发展的理念。这种理念也逐渐迁移到了教育发展的理念中，形成了教育包容性发展的理论和实践取向。[1] 包容性的学校管理组织行为，主要表现在创建富有吸引力的、富有人文关怀和个性的学校文化，以及促进教师、学生全面可持续发展等方面。

一、包容性管理的形态是民主性

民主型的校长认为，教职工和校长一样，都是学校的主人，在他们中间蕴藏着巨大的工作潜力。基于这种认识，民主型校长在管理中注意分权，让教职工承担必要的责任，主动引导教职工参与学校的决策和管理。民主型校长对教职工的工作和生活比较关心，尽力满足他们的各种合理需求，能极大地调动教职工的积极性，并为他们创造发挥才能的环境。[2]

真正的民主蕴含着一种包容精神。所谓"包容"，是指评价系统设计尽可能维护所有员工的合法权益，容纳每个人的长处与短处，涵盖学校所有工作岗位的各个环节。包容性管理，则是指管理的原则性和灵活性的统一，管理对象在一定条件的约束下，具有自我调整、自我选择、自我管理的条件和空间，进而实现学校的动态管理。包容性管理的导向是奖励能者与勤者，包容"不能者"与"不勤者"，给教师自由成长的空间和不断进取的平台。因此，包容性体现了一种全新的学校管理价值取向。

二、包容性管理的核心是人文性

包容性管理的核心是人文性，包括人文性尊重和人文性包容。

人文性尊重，是指尊重学生的文化差异与个性差异，尊重学生的个性，适性扬才；尊重教师的个性和教师的劳动成果，为教师创设和谐的工作和学习环境，以实现教师幸福工作的职业追求。

---

[1] 杨志成. 包容性是品牌学校发展的责任与气度 [J]. 北京教育（普教），2013（4）：25-26.

[2] 黄绪信. 包容性评价：深圳市华侨城小学教师岗位绩效评价改革的探索 [M]. 北京：北京教育出版社，2012：23-24.

人文性包容。学校的教育面对的是一个个具有鲜活生命的个体，学校、教师在教育学生时，要时刻考虑如何使这些个体得到完善的发展。首先，对学生的生存状态和生活方式以无微不至的人文关怀，实行增值评价、过程性评价；其次，包容学生在成长过程中犯的错，让学生在适度宽松的环境中健康成长。

三、包容性管理的谋略

1. 基于"全人教育"的理论

"全人教育"是一种整合以往"以社会为本"与"以人为本"的两种教育观点，形成既重视社会价值，又重视人的价值的教育新理念。这是一种理想的教育观念，也是教育家的一种理想追求。著名教育家蔡元培指出："教育是帮助被教育的人，给他能发展自己的能力，完成他的人格，于人类文化上能尽一份子的责任。"全人教育就是培养"全人"或"完人"的教育。其教育目标为：在健全人格的基础上，促进学生的全面发展，让个体生命的潜能得到自由、充分、全面、和谐、持续发展。全人教育的目的就是培养学生成为有道德、有知识、有能力、和谐发展的"全人"。

2. 实行增值性评价

《深化新时代教育评价改革总体方案》明确提出"针对不同主体和不同学段、不同类型教育特点，改进结果评价，强化过程评价，探索增值评价，健全综合评价"。增值评价，不是简单以学生的学业成绩作为唯一的指标来考核评价学校、教师和学生，而是把起点、过程和结果统一起来，既要看学生的学业成果，也要客观衡量学生的进步程度和学校的努力状况。这是增值评价的实质和价值所在，正如一些学校的"励志"口号所言："不比阔气比志气，不比基础比进步，不比聪明比勤奋。"[1]

例如，坑口小学的考勤制度、奖励性绩效工资方案的条款和指标体系中，为实现教师绩效评价的包容性，在评价形式和操作方法上体现增值性，在规定的量化考核细则内给予一定的弹性空间。例如教学成绩评价上，教师所任教的学科在年级平均分一定分值之内的视为达到学校教学质量要求。学生成绩不公开、不排名次，实行定性评价。

圆融管理之包容性要求学校管理者用"识才的智慧，用才的气魄，爱才的感情，聚才的方法"，选择、使用、培养干部和教师，最大限度地调动人的积极

---

[1] 陈如平. 以增值评价探索为突破口推进学校改革 [J]. 中小学管理，2020（8）：1.

性，让每个人在最适合的位置发挥才干，使学校干部精干，名师辈出。例如，坑口小学有民主管理的传统，面对教师这一知识分子群体，学校强调以人为本，尊重人性，满足每位教职工的合理需求，给每个人提供发展的条件和空间。

案例

"方圆教育"的思考与实践

2012年以来，金兰苑小学（我曾工作的学校）立足于学校发展理念的实践，从传承与创新棋文化的角度，构建了"方圆教育"理念，让学校特色逐渐显现。

"方圆教育"可看作"圆满教育"的一种实践模式，借助"方"与"圆"的不同特性构建"方圆教育"理念。"方圆教育"的实践体系中，构建方圆管理、方圆团队、方圆课程、方圆环境四个"驱动轮"。

一、实施方圆管理：方圆容和，刚柔相济

方圆管理是圆融管理的一种实践模式。

1. 欲方先圆——理解、尊重

在管理过程中，学校强调"先圆"，就是在理解、尊重师生个人愿景的基础上，共同建立学校的理想，形成学校独特文化。其次，让管理者设身处地体验教师和学生的各种感受，从而形成一个和谐平等、相互尊重并具有向心力的集体。

2. 以圆促方——协调、认同

学校管理，不是仅宣布上级文件、要求下级严格服从上级的命令，而是要在民主的基础上，通过协调与合作将全体教师"扭成一股绳"，认同学校的工作，并为之共同努力。

3. 大方小圆——原则、关怀

在学校管理中，要坚持原则，明辨是非，严格要求教师不折不扣地落实学校各项规章制度，并力求做到公平、公正、公开。在执行制度管理过程中，注重人文关怀，提高生命质量。

二、打造方圆团队：方正有道，圆润无声

为打造一支具备"方正"教育品格、"圆润"教学智慧的教师团队，学校基于校本研修实施"一二三工程"。"一"即"一个论坛"，开设方圆论坛，邀请专家行家登台讲学，促教师修身齐校。"二"即"两个工作室"，创建方正校本研修室和圆润课堂工作室，基于课堂课例教学，基于小课题研究，基于教师专业成长,苦练内功。"三"即"三个平台",搭建学习、展示、反思平台。学习平台提供学术支持,"请进来"可借力成长,"走出去"可开阔视野、增长见识;展示平台提供体现教师自我价值的舞台,教研课、展示课、汇报课、经验分享会等展示教师创造空间;反思平台激发教学智慧。"一二三工程"追求方圆有序,让教师真切地感受到教育教学的幸福。

三、建设方圆课程:规范执行,融合实施

金兰苑小学的方圆课程在下述三级课程结构体系下规范融合实施(如表6-1)。

表6-1　金兰苑小学"方圆教育"三级课程结构体系

校训	恪守规矩,信步方圆			
育人目标	把学生培养成智圆行方的现代少年			
具体目标	走正每一步	走通每一步	走方每一步	走圆每一步
国家课程	品德与生活 品德与社会	语文、数学、英语、科学、综合实践活动、信息技术	体育、劳动	艺术(美术、音乐)
地方课程	荔湾风情、心理健康、卫生教育			
校本课程	必修	1. 棋道 2. 大阅读:金兰书苑		
	选修	兴趣课(20门)		
	活动	校内:四大金牌活动[体育(科技)节、艺术节、棋艺节、读书节] 校外:社会实践活动(与地方课程对接)		

1. 国家课程实施

(1)学科渗透

实施国家课程时,有机融入"方圆教育"理念,实现育人目标。如通过品德与生活(品德与社会)使学生走"正"每一步;通过语文、数学、英语、科学、综合实践活动、信息技术等学科使学生走"通"每一步;通过体育、劳动等课程使学生走"方"每一步;通过艺术(美术、音乐)使学生走"圆"每一步。

(2)打造方圆课堂

通过"二元五次"常态课例研究、基于信息技术的"跨越式"课题和基于反思性的自主学习课堂教学模式实践研究,打造"学—思—行—省"四步课堂教学模式来实现"方圆"课程,培养"智圆行方"的学生。

2. 校本课程特色化

（1）校本课程普及化

普及三棋（中国象棋、围棋、国际象棋）知识。一二年级每周开设一节中国象棋课，三年级每周开设一节围棋课，四年级每周开设一节国际象棋课，聘请棋院专业教练任教，实现三棋普及。

（2）校本课程主题化

校队集训。学校采取普及和拔尖相结合的方法，在普及课里发掘有潜质的棋手组建学校棋队，邀请棋院专业教练任教，每周两个时段的训练，切实提高棋手的棋艺，并组织队员参加各级各类的竞赛，锻炼棋手的技能和素质，同时也为市、区棋队输送人才。

以赛代练。学校利用兴趣课的时间，定期组织班际棋赛，既可检阅棋手的水平，又可达到以赛代练的目的。

（3）校本课程综合化

不仅在棋艺课里让学生学棋，在其他学科如综合实践活动、美术、信息技术、体育等课程教学中也同样渗透棋文化，实现学科融通。如在信息技术教学中充分利用网络资源和三棋多媒体课件，引导学生网上收集棋艺知识，还让学生进入网络棋室和棋手对弈，优化三棋教学过程；在美术教学中以"棋"为主题，指导学生用废旧物品等制作棋子和棋盘，指导学生画出棋手下棋时的形象；体育大课间融入中国象棋元素，集竞技、智慧于一体。

（4）校本课程活动化

一是承办"金兰杯"三棋赛。"金兰杯"三棋赛是荔湾区以金兰苑小学冠名的一项智力运动会，截至2014年金兰苑小学已连续承办九届。学校通过承办棋赛，激发了学生学棋的激情，活跃校园生活。

二是举办校园棋艺节。学校每年结合"金兰杯"三棋赛，举办校园棋艺节，节日里有学生棋王擂台，有社区人士、家长及棋类特色学校学生与金兰苑小学学生棋手对弈，有征文比赛，有棋艺讲座等。每次棋艺节，许银川等大师都莅临学校参与活动。棋艺节里节目精彩纷呈，丰富了学校文化，陶冶了学生情操。

三是举行别开生面的"开棋礼"。学校在开学典礼时举行别开生面的"开棋礼"。典礼活动中，一年级新生和家长一起练习开棋之礼，接受棋艺启蒙教育；全校师生在操场大棋盘上演绎棋操，把纹枰对弈的小课堂延伸到体育大舞台。别开生面的开学典礼，让孩子们在新学年第一天"走好第一步棋"。

四是开展棋社活动。金兰棋社是学校的总社，各班也是分社，如乐弈社、棋才社、见贤思"棋"社等，棋社定期或不定期开展系列活动，如班际棋赛、棋艺展示等。各分社也定期开展方圆有致的特色文化活动，他们有目标、口号、社歌、社训等。总社、分社的活动，既丰富了孩子们的校园生活，又实现了和谐的管理。

五是开展文化共融活动。学校和荔湾区茶滘街道以"金兰杯"三棋赛为推手，以社区金兰广场金兰苑小学棋文化实践基地为阵地，定期开展主题为"棋乐融融、和谐金兰"的棋文化活动，把学校棋文化辐射到社区，实现文化共融。

四、营造方圆环境：书香绵远，棋韵缭绕

在"方圆育人"的核心理念指引下，学校倾力营造了"书香绵远，棋韵缭绕"的方圆环境，让学生在书香棋韵之中浸润熏陶。

矗立在学校大厅和操场入口、镌刻着"恪守规矩，信步方圆"的校训壁，沉稳厚重，极具中国传统建筑的特色，"恪守规矩，信步方圆"的校训时刻警醒师生为人处事、学习生活"凡事讲原则，凡事讲规矩"，然而又不墨守成规，麻木守旧。学校教学楼前约390平方米的棋乐园、综合楼大型棋艺专用教学活动室和环境高雅的小型棋艺训练室既是师生下棋的好场所，也是师生修身齐校的文化景观。还有花坛里的"将""帅""卒"文化石，围墙上的"纹杆对弈雕塑"，教学楼墙壁上的"河图洛书""咏棋诗"，棋乐园里的卡通人物"方方"和"圆圆"，处处弥漫着书香棋韵，让师生身处"棋"中，熏陶在其中。

第七章　圆整课程

灵动的课程培养有创造力的学生

我曾在北京师范大学教育学院听过项贤明教授的讲座"试解钱学森之问——国际比较视野下的创新人才培养"。

课堂上笑容可掬的项教授讲到当下教育便痛心疾首，充满焦虑，充满质疑。没有比较就没有鉴别，项教授通过国际视野的比较回应了"钱老"对中国教育一针见血的追问——我们的教育之所以"丢失"了创造力，是因为：①一些荒谬的教育学观点，引导出荒唐的教育理念；②学生机械的学习方式；③集权的文化背景下的、整齐划一的、缺乏灵性的课程和评价标准。

诚然，上述观点是项教授一家之言，但是教授的"国际视野的比较"让我视野开阔——原来现代学校有如此丰富多彩的、充满灵性的课程！如美国印第安纳州宾夕法尼亚高中的语文课程十分丰富，多达19门课，有发展性阅读、语言艺术实验室、阅读策略、英语9—12、英语9—12荣誉课程、英语文学与写作、高级英语语言与写作、高级英语文学与写作、辩论、演讲、高级演讲与交流、新闻、学生出版（校报）、学生出版（年鉴）、创作、广播新闻、大众传媒、新英语（社会研究）、新英语（策略）等。而我们的语文，就一门国家课程——语文。

没有灵动的课程，哪有有创造力的学生？以前，我也认识到有什么样的课程就有什么样的学生，但是总是懒于动脑去设计，懒于去编写，今天项教授给我当头一棒，更鞭策我采取实际行动。

后来，我又聆听北京师范大学国际与比较教育研究院杨明全教授的"校本课程的设计与实施"讲座，颇有心得：

①校本课程是与国家课程相对应的一种课程形态，是主要由学校校长和教师根据学生的需求，在具体教育情境中开发的课程。校本课程是国家课程的有效补充；校本课程的开发主体不是外部专家；学校是进行校本课程开发的场所。

②开发校本课程要研究学校文化。

③开发校本课程要注意国家课程、地方课程与校本课程的整合。

④校本课程实施的两种基本形式。一是实践活动类校本课程：校本课程多体现为活动方案的设计，实施方式灵活，可以课内与课外相结合、校内与校外相结合。二是学科教学类校本课程：校本课程以书面文本为主，多为某门学科教学的延伸和补充，也可采取课内和课外相结合的方式实施。

《义务教育课程方案（2022年版）》特别提出了"优化课程内容结构"的要求，指出："以习近平新时代中国特色社会主义思想为统领，基于核心素养发展要求，遴选重要观念、主题内容和基础知识，设计课程内容，增强内容与育人目标的联系，优化内容组织形式。设立跨学科主题学习活动，加强学科间相互关联，带动课程综合化实施，强化实践性要求。"[1]且特别强调："校本课程由学校组织开发，立足学校办学传统和目标，发挥特色教育教学资源优势，以多种课程形态服务学生个性化学习需求。校本课程原则上由学生自主选择。"[2]

没有灵动的校本课程，哪有学校特色？我校（坑口小学）开发校本课程势在必行，新学期把语文阅读、围棋、中国象棋、国际象棋等七八门课程好好梳理，作为必修、选修课程。给了学生多元的课程，就给了开放发展的空间，就能培养学生的创造力。这也许就是我们一线教育工作者对钱学森之问最好的回答。

课程是实现育人目标的最主要的载体，学校的发展要以课程建设为主要阵地，完成精准育人的目标。坑口小学围绕"圆满教育"，树立了"培养追求完满的现代少年"的育人目标，建构了极有特色的圆整课程实施体系。

第一节　圆整课程育人体系

圆整课程以"追求完满"为精神引领，让每一位学生不断完善人格，为追求"完美人生"打下基础。

圆整课程育人结构体系由内向外的层级关系如图7-1。

---

[1] 中华人民共和国教育部.义务教育课程方案：2022年版［M］.北京：师范大学出版社，2022：前言4.

[2] 中华人民共和国教育部.义务教育课程方案：2022年版［M］.北京：师范大学出版社，2022：6.

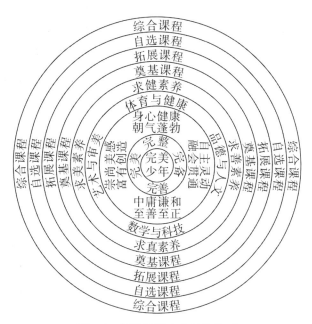

图7-1　圆整课程育人结构体系

圆整课程育人结构体系具备"14484"要素，解读如下。

一个目标：培养追求完满的现代少年。

四维品质：完整、完备、完善、完美。

四大领域：体育与健康、品德与人文、数学与科技、艺术与审美。体育与健康领域，培养学生求健素养；品德与人文领域，培养学生求善素养；数学与科技领域，培养学生求真素养；艺术与审美领域，培养学生求美素养。

八大素养：身心完整的孩子——健（身心健康、朝气蓬勃）；认知完备的孩子——真（自主灵动、融会贯通）；品德完善的孩子——善（中庸谦和、至善至正）；才艺完美的孩子——美（崇尚美感、富有创造）。这八大素养是坑口学子特有的完满印记。

四大类别：奠基课程、拓展课程、自选课程和综合课程。奠基课程是指每一个学生都需要掌握的课程，即国家课程。拓展课程是指每一个学生都要体验的提高课程。自选课程是指每个学生根据自己的兴趣爱好自主选择的课程。综合课程是奠基课程、拓展课程、自选课程融合后的表现形式。

第二节　圆整课程校本实施

课程是创建新样态学校最主要的载体。坑口小学用圆整课程塑造充满生命活力的学校新样态。

对"圆满教育"的文化自信使圆整课程充满生命活力。坑口小学从内生的球类运动文化出发，传承中华民族优秀的"圆运动"文化，再造坑口印记的课程育人体系并付诸实践。

一、圆整课程实施体系

坑口小学圆整课程实施体系如图7-2。

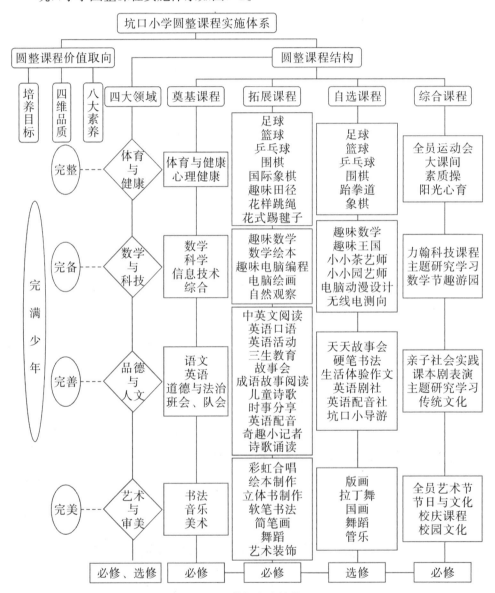

图7-2 圆整课程实施体系

圆整课程实施体系，横向从四大领域课程，纵向从四大类别开展教学，培养学生完整、完备、完善、完美四维品质。

二、圆整课程内容特点

中国教育科学研究院陈如平先生这样描述"学校新样态"："新样态学校旨在去功利化，反对各种非科学、反教育的行为，突出'有人性''有温度''有故事''有美感'的'四有'特征。育人是新样态学校的核心任务，需要重新审视学校中的人——具体的人、完整的人、有血有肉的人、自我发展的人。"

我曾考察全国多地校本课程建设情况，现将有代表性的广东省中山市实验小学、广东省广州市荔湾区金兰苑小学和浙江省杭州市长江实验小学三所学校的校本课程建设情况进行介绍。

1. 校本课程发展学生的特长

广东省中山市实验小学最大的育人亮点就是以"趣"的校本课程发展学生的特长。

中山市实验小学的育人目标既明确又具有个性，即以趣导智、以智激趣，培养"全面+特长"的学生，亦即致力于让学生通过精良的学业、灵敏的思维、创新的意识和开阔的视野获得智慧，学生通过良好的情趣、高雅的情操、健康的体魄、高尚的品德达到人格完善的目标。学校通过兴趣类、情感类、品味类特色校本课程，如艺术、科技校本课程和艺术节、科技节、体育节等活动课程，提高学生的综合素质，发展学生的个性和特长。

（1）艺术、科技校本课程

中山市实验小学艺术教育已经形成了普及与提高、课内与课外、常规教学与艺术活动相结合的格局。学校"阳光艺术团"下属三十多个小社团的课程时间、地点、师资都是固定的。各社团制定了完善的章程，确定了团名、团徽和团歌，成立了团务管理组，负责日常管理和后勤工作。陶艺、舞蹈、民乐、小提琴、合唱、书法、绘画等二十多个兴趣班，成了学生们课余的乐园，参加活动的学生达两千多人次。学校多次蝉联中山市师生艺术节总分第一，被教育部评为"全国学校艺术教育先进单位"。

中山市实验小学开设了争当小实验家（生物、物理、化学）、智能机器人、工程创意、创新发明与知识产权、电脑制作、信息学、微型机床等科技兴趣小组或社团。学校在课程开展的过程中实行考核制度，层层筛选，形成梯队，并坚持长期开展，使学生的思维能力、动手能力和创新能力在快乐中得到提高。每学年有600~700人次参与科技兴趣活动。

（2）艺术节、科技节、体育节等活动课程

艺术节。中山市实验小学艺术活动常规化为学生们搭建了展示平台，使一时的有趣变成了长期的乐趣，最终形成了长久的志趣、高雅的情趣。艺术节上小社团展示活动精彩纷呈，书法、绘画、手工作品展，舞蹈、民乐、小提琴、合唱表演等，形式多样，内容丰富。

科技节。为普及科学教育，提高学生的科学素养，学校举办了不同主题的科技节。如结合神舟七号发射的专题举办了"飞向未来"科技节活动，包含写科技小论文、做科技小发明、绘科学幻想画等内容，还特意邀请中科院戚发轫院士做航天科技知识讲座。每一次科技节既是一场科技知识的竞赛，也是一次智慧的比拼！学生在这个丰富多彩的展台上，用科幻小说、科技发明、科技绘画等作品营造出校园爱科学、学科学、用科学的浓厚气氛，彰显了师生的聪明才智与创新能力。

体育节。学校每年举办体育节，因地制宜地组织和开展一系列富有实效的体育活动，如丰富多彩的大课间活动、校园集体舞比赛、中高年级"三球"比赛、全校"三棋"比赛以及其他传统体育项目竞赛等。一年一度的运动会有力地促进了学校群众性体育活动的开展，提高了学生的体育运动技能和水平，培养了学生"健康第一"的意识，增强了学生的集体主义观念。

2. 依据学校自身特色开发校本课程

广东省广州市荔湾区金兰苑小学本来是没有认识到校本课程建设的重要性的。但是，学校师生以及周边的居民都爱好下棋，有着"棋"文化特色。学校曾编写过《金兰书苑》《中国象棋》两种书，但还算不上真正的校本课程，只是课程纲要。后来，学校主要领导外出学习，认识到校本课程建设的重要意义，又想到了学校的"棋"文化特色。这正是学生全面发展的突破口！

于是，金兰苑小学开始建设校本课程。学校希望通过校本课程建设让学生找到一个自己喜欢的领域，培养学生学习某一学科的兴趣，从而转化为其对学习的热爱和学习的动力，最终养成生活、学习的习惯。

如何把国家课程、地方课程、校本课程三级课程特色化、系统化，这是认识了校本课程重要意义之后要思考和实践的课题。学校结合实际，对构建"棋"文化教育背景下三级课程特色体系作如下思考（见表7-1）。

表7-1 金兰苑小学"棋"文化教育背景下三级课程特色体系

校训		走好每一步，进步每一天			
育人目标		把孩子培养成身体健康、品格健全、能力多元的现代君子			
办学特色		以棋育人			
具体目标		走实每一步	走活每一步	走强每一步	走美每一步
国家课程		品德与生活、品德与社会	语文、数学、英语、科学、综合实践、信息技术	体育、劳动	艺术（美术、音乐）
地方课程		荔湾风情、心理健康、卫生教育			
校本课程	必修	棋类课程、大阅读《金兰书苑》			
	选修	兴趣课			
	活动	校内：四大金牌活动（体育节、艺术节、棋艺节、读书节）校外：社会实践活动（与地方课程对接）			

接着，要将上述表格中的三级课程完善，落实到课时，编写成教材。

金兰苑小学在建设特色校本课程方面有以下四点经验。

一是学校管理者要有强烈的特色课程意识，并在此基础之上厘定创建特色学校的理念。这要求校长具备独特的教育思想、渊博的文化知识、出色的管理才能，不断实践，不断地修炼自己，提高管理水平。

二是学校"棋"文化的建设要有自己的特色师资。"借鸡下蛋"不是长久之计。学校要加强棋类教学的教师队伍建设，要大力开展培训，提高教师的水平，并大胆启用有兴趣、有特长的教师开展棋类教学。

三是重新审视学校办学目标与特色教育之间的关系，进一步完善学校棋类课程目标、课程设置、教学内容、教学方式、评价方案等一系列管理体系。

四是要凸显校园主流"棋"文化特色，校园的精神文化建设要通过棋艺的教学进一步提升。要让校园处处充满棋艺之崇高和深广之哲思情理，要让人人具有雅洁的"棋"文化内涵。

3. 校本课程提升教育质量

校本课程建设给杭州长江实验小学整体课改带来了良好的效应，教育教学质量得到了提升。

杭州长江实验小学教育教学能取得优异的成绩，除了小班化教学理念新、团队素质高且凝聚力强、校长是教学行家这三个原因外，更重要的原因就是致力于校本课程建设，全面推动课改，提升教育教学质量。

多年来，学校在推进国家课程和地方课程的校本化实施基础上，深入开展校本课程的开发与实施工作，目前有100多门校本课程，形成了小班化群落式课程特色。

学校的小班化群落式课程包括五大课程群落：人文课程群落、科学技术课程群落、公民道德课程群落、艺术课程群落和健康课程群落。每一课程群落都涵盖基础课程和校本课程，基础课程由国家课程和地方课程组成，校本课程由拓展课程和项目课程组成，拓展课程是基础课程的延伸，项目课程则是综合利用各学科所学的知识，以提高学生综合能力的课程。如儿童哲学课程就是基于品德与生活课程而开发的，把生活的知识融合其中，已在一年级开设。

小班化群落式课程建设注重整体性操作，即编写大纲—编写教材—制订课表—实施课程—评价反馈。在编写大纲方面，学校既有课程改革大纲，也有具体课程大纲。在制订课表方面，学校向教育局申报成为课程改革实验学校，在教育行政部门支持下，将上课时间进行调整，每节课35分钟，上午基础课程，下午活动课程，并在本校范围内做课程的"加减乘除"，试行男女生课表，为学生提供课程的个性化选择，让每个学生都有自己的课程表，从而能够学习自己喜欢的东西，给孩子们提供更多可能性。学校也在探索70分钟的大课时和20分钟的微型课时。如"十二生肖"微课程，四个课时就可以完成；"血型与性格"课程四个课时也可以完成。现在，学校每个月都有新的课程出现。学校也正在与技术公司合作开发选课软件，以实现孩子自主选课。

在实施课程方面，学校有一部分必修课是一到六年级全部学习，必修课可以是六个基本课时，可以是十二个基本课时。必修课，如好奇实验室课程，关于科学技术的实验就安排在四年级，学生进入四年级就必修二十个科学实验课时，这样可以提高孩子的兴趣和科学素养。选修课主要以社团的形式出现。学校已把所有能开发的课程开发出来，接下来将进行系统梳理，以形成学校的小班化群落式课程的整体架构。

在评价反馈方面，学校实施多元化评价，关注个体成长，鼓励学生积极参加各级各类校本课程，促进个性发展。实施多元化评价，能进一步充实学生成长档案，完善评价机制，构建多样化的学生发展格局。

4. 圆整课程内容特点

近几年，坑口小学借助中国教育科学院在荔湾区的顶层指导，围绕学校完满教育育人目标——"培养追求完满的现代少年"，按照圆整课程实施体系，围绕培养孩子四维品质、八大素养，实施圆整课程。

（1）国家课程整合化更有人性

学校把十多门类课程整合成四大领域，在各个领域里尝试"两个整合"。

一是学科内整合。对一门学科的内容进行梳理，依据学生实际的学习能力，分为单元内部整合、同学年教学内容中的单元整合、同一教学内容不同年级的整合三种。在层层推进的学科课程规划和设计中，形成既相对独立又成序列的学科课程方案。

二是学科间整合。对各学科教材与相关课程资源的整合，通过寻找相关学科在教学方法、教学内容、思维方式、知识背景等方面的切合点，相互渗透，有机融合，创造性地进行教学。如五年级语文以"童年"为主题开展的单元主题阅读课，我们把人教版《语文》五年级下册第二单元《古诗词三首》《冬阳·童年·骆驼队》《祖父的园子》《童年的发现》《儿童诗两首》和《同步阅读：童年的玩与学（语文五年级下册）》一书中的《陀螺》《第一次骑大象》《纯真的心》《最美的书包》四篇文章整合成单元主题阅读课"童心童音"；还设计了"童年"主题的综合阅读课，如把人教版《语文》四年级上册第八单元和北师大版《品德与社会》四年级下册第五单元第一课《不断更新的通信家族》整合成跨学科主题式实践课"奇思妙想"。通过整合国家课程，使课程在回答"培养什么人"的问题上更有人性。

（2）校本课程区域优势化更有温度

一是拓展课程普及化。一至六年级每周一节（整合后的国家课程课时）必修足球和乒乓球课程。学校聘请专业教练员授课，真正实现足球、乒乓球进课堂，让每个孩子真正学习"圆运动"课程，掌握足球和乒乓球。

不同年级分别每周一节（整合后的国家课程课时）必修围棋、国际象棋、国际跳棋、书法、葫芦丝、刺绣、"我的影像成长日记"等拓展课程。

通过各年级普及大大拓展国家课程的深度、广度、高度。

二是综合课程全员化。校园节日课程、民俗传统课程让孩子感受到传统文化和节日礼仪的温度。校园节日课程是指每年常规性的"四节"：读书节（4月）、科技节（6月）、体育节（10月）、艺术节（12月）；民俗传统课程是结合民族传统节日开设的主题系列活动课程，如端午节、重阳节、中秋节、春节、元宵节等。社会实践活动课程让孩子感受到家长、老师和同伴的温度。例如，家长组织、班级老师参与的亲子体验课程有"绿化行动""走进博物馆""跳蚤市场""走进社区——我能行"等。在开放式课程里，孩子们有期待、有体验、有创造、有收获，充分感受到童年的快乐、充满温馨的家的温度、师生情谊的温暖。

三是自选课程个性化。学校依托"圆整俱乐部"开设足球、乒乓球、五子棋、跆拳道、书法、版画、国画、拉丁舞等三十余门自选课程，利用周末和每天下午国家课程之外的时间，通过个性化的课程培育有坑口印记的现代少年。

四是社会实践课程化。内容上具有课程意识、主题新颖，如亲近自然、户外拓展、学习栽摘（栽菜、摘茶叶）、动手制作（稻草人、风筝）、走进社区及其他有关生命、安全、感恩、诚信、互助、爱心、守纪等主题教育实践活动。形式上大多是家长组织、老师参与。责任方面由社会承担，降低学校风险。

这样整合式、开放式、有活力的课程，力求让孩子们有期待、有体验、有创造、有收获，充分感受童年的快乐和美好，力求让儿童有生动活泼的儿童的样子。

（3）课堂教学改革灵动化更有故事

课堂是实现学校特色的阵地，离开课堂谈特色都是空谈。学校推进院校合作，努力建设圆整课程体系下的"核心能力+思维课堂"模式。近年来，学校举办"有效教学""课程设计"等近二十场学术讲座，为思维课堂的建设打下理论基础。实践上，先对课堂教学进行调查诊断，找出问题，定义问题而作出事实和价值判断。通过微团队老师的课例，扎实开展基于"圆满教育"的学生学习思维提升策略研究，构建了一种在思维方法、思维品质、思维能力三个维度上具有"主动灵慧"故事的课堂。课堂因为有故事，所以更精彩，更高效。

（4）艺体课程多元化更有美感

首先是艺体拓展课程体现立体美感。学校先后开设了足球、乒乓球、国际象棋、国际跳棋、书法、葫芦丝、电影等四十多门拓展校本必修课程，纳入课时计划，实行"一师一特色"课程认领制，通过百花齐放的课程模式，培育有坑口印记的现代少年。其次是艺体自选课程体现个性美感。利用周末和每天下午国家课程之外的时间开设选择性课程，全校学生走班上课，在课程超市中选择自己喜爱的课程，培养审美情趣和创造美的能力。

综上，圆整课程因植根中华优秀传统文化，回应了教育要坚持文化自信的新时代社会主义核心价值理念而充满了生命活力。围绕"圆满教育"理念而构建的圆整课程促进学生全面发展，并遵循课程改革要求而彰显出独特个性。由此，学校也具有了独有的新样态。

第三节　圆整课程实践活动

除了有了圆整课程育人结构体系、实施体系和规范的校本课程建设，更重要的是让圆整课程进入实践活动中。

一、国家课程整合化在课堂

国家课程体现了国家意志，是国家对国民在某方面或某领域的基本素质要求，它对课程的具体设置有着指导性意义。将国家课程进行整合，是学校根据本校教学实际做出的课程调整。这样既有利于学校形成自己的办学特色，又有利于不同学生的发展需求，促进学生的全面发展。

二、综合课程全员化在活动

"全员课程"的实践是综合课程全员化的体现，这是圆整课程实践活动更有活力的表现样式。

1. 全员运动会

全员运动会，学校称之为"体育运动会的好莱坞大片"。为了让每个学生在运动会上尽情展示，学校对全员运动会提出系列要求，实际比赛中也达到了这些要求。

（1）全员性

每个学生都是运动员，至少要参加2个项目，根据"跨年级同班级编号"方式，把每个年级三个班按红、黄、蓝三种颜色编队进行比赛。每个学生既代表自己比赛，也代表班级比赛，同时代表一至六年级整个色块比赛，每个项目的比赛与每个同学都有关系。

（2）全面性

运动会比赛项目的内容涵盖走、跑、跳、投、爬越、悬垂、支撑、抓摔等，具备体育的竞技性，更富有趣味性，能有效解决学生的"软、散、硬、笨、晕、独"现象，让学生喜欢上体育课，爱参加比赛。

（3）自理性

学生能做的事，老师就要退居其后。既然是全员运动会，那就让学生"全部自主"，所有能让学生自己完成的环节都让学生完成。代表全员运动会最高荣誉的"优胜旗"，由学生护送入场，比赛的器材由学生搬运，学生还要协助裁判统计成绩。

　　"这所学校不一般啊，运动会整个过程都是学生自主组织，学校敢放手让学生去做这些事，让我感受到学校的追求。"一位观看全员运动会的嘉宾如是说。正读四年级的梁同学，是个十分好动的、脾气冲动的学生，一直让老师们头疼，但这孩子有一个优点——为老师办事非常积极。自从他接受了参与运动会的任务后，仿佛换了个人似的，不但每次训练极其认真，力争出色完成任务，在平时学习生活中，脾气也有所收敛，愿意克制自己的冲动，渐渐学会了自我管理，不少老师和同学都对他有了改观。全员运动会那天，他那份骄傲、那份幸福，全都写在脸上。

图7-3　2016年全员运动会

2. 人人艺术节

图7-4　第八届艺术节

学校一年一届的艺术节，让学生翘首以盼，特别是艺术特长生，都想在艺术节上大显身手，展露才华。但没有艺术特长的学生望着近在咫尺的舞台，免不了黯然神伤。如何打破这种常规，让每一位学生成为艺术节的主人翁呢？学校开设了"人人艺术节"课程，让学生上一整天的艺术课。上午艺术特长生在舞台上尽情展露才华，下午以班级为单位邀请家长到课室同上艺术课，只要能上台表演的都是艺术，如烹饪、剪纸、画画、书法……在"人人艺术节"课程里，富有个性化的班级亲子课例出炉了，《我的"六一"我做主》《我成长，我快乐》《七彩童年，快乐"六一"》《亲子时装秀》《"六一"亲子欢乐颂》《我和"六一"有个约会》《快乐"六一"暨毕业联欢会》等节目惊艳登场。课堂上，不仅学生个个参与，每位家长也和孩子们一起"露一手"，学生大呼这样的艺术节过瘾。"人人艺术节"课程里，每一位学生不再只是观众，而都是演员，都尽情地展示才艺。

3. 班班社会实践

传统的课外实践活动课程，特别是春游、秋游实践课程，对学校而言，一直是"压力山大"，因为学校总是对孩子们的安全问题提心吊胆。家长则埋怨校方收了钱只是带孩子到景点吃吃喝喝，钱花得不值。校方和家长双方都不满

图7-5　稻草人制作实践活动

意。鉴于此，学校设计了一门
"全员家长亲子社会实践"课
程，将全校统一行动的春游、
秋游化整为零。把原来那种兵
团式倾巢出动的形式改为以班
为单位，由各班家委组织，教
师参与协助授课，社会承担风
险的形式，并要求课程内容要
主题鲜明，要有体验环节，让
人人动手。各班家长、老师纷
纷策划设计本班的亲子社会实

图7-6　农耕体验实践活动

践课。家长的潜能是无穷的，老师的智慧是无尽的，春游、秋游的课程从生命教
育、安全教育、感恩教育、诚信教育、互助教育、爱心教育、守纪教育等主题切
入，有序开展，一扫以前那种"匆匆去、草草游、急急回"的"赶鸭子式"的、
谁也不满意的现象，让学生们在这种实践课程里能有生活、有体验、有故事。这
培养了学生们的责任心、自信心、热情心，教会了学生与人沟通的技巧。实践课
程同时促进了学生与学生之间、学生与家长之间、家长与家长之间、家长与教师
之间的友谊。

4. 全员"力翰科学大富翁"大比拼活动

传统的科技活动课程，学校要么请科技馆来学校搞个科技展览，摆几件学生
平时科学课的作品，要么让几个有科技兴趣的孩子玩玩机器人或者航模，仅此
而已。学生仍然是观众，既没有动手做，更谈不上有所创造。"动手造万物"是
学校提出的科技课程学习理念。科技课程一定要借由有趣好玩的方式让学生身体
力行，用游戏活动的方式将死板的科学知识变得有趣好玩，借由身体活动、头脑
思考与动手操作来学习，必须让全校学生都参与。于是，学校把台湾元智大学的
"力瀚科技课程"引进课堂，并定期（一般每年5月）邀请力瀚科技中心来校举
行全员"力翰科学大富翁"大比拼活动。全校每位学生一张闯关地图，以冒险
者的身份去挑战科学关卡（见下页图7-7），每一个科学关卡都有自己的科学原
理、发现的科学家与科学操作方式，完成之后每位学生可以得到一份小礼物。几
乎所有的孩子都乐此不疲。这种课程实践，让孩子们深深感受到"科学就在生活
中"。这种课程，打破了学生对科学认知的藩篱，学生可以通过此活动感受与学

习到伯努利原理、安培定律、杠杆原理、波义耳定律、第三运动定律、陀螺仪原理、磁性原理、离心力、大气压力、重心、摩擦力、角动力、空气阻力、惯性等科学知识，还可以认识发现各种现象、原理、定律的科学家。

图7-7 "力翰科学大富翁"关卡

案例

一个都不能少

——基于学校内生文化的"全员课程"让每个生命个体都得以发展

一、毛院长哭了！

2016年12月14日，惠风和畅，冬日的暖阳唤醒了整个校园。这天，是特别的一天，是全校师生们期待的一天，因为中国教育科学研究院、全国学校体育联盟（教学改革）联合在坑口小学举行"全员运动会"，学校全体师生磨炼两月，只待今朝"拼杀"。

上午九时许，学校操场上分外热闹。来自全国各地的领导、嘉宾、老师1000多人齐聚一堂，共同见证坑口小学首届全员运动会盛景，共同分享全员运动会孩子们的创造成果。

随着《街舞少年》音乐的响起，同学们精神抖擞地展示集柔韧性、平衡性、力量性、美观性于一体的"素质操"，动作整齐划一、刚劲有力、动感十足，赢得了在场观众阵阵热烈的掌声。

比赛正式开始，首先是四年级100米弯道跑。发令枪刚响起，同学们马上投入了名次争夺战，如同箭一般冲向终点。操场上，观众顿时沸腾起来，拐弯位置的超越和直道冲刺之间，上演了你追我赶的精彩画面，同学们咬紧牙关，坚持到底，比赛可谓是相当刺激。

接下来的项目更精彩。按先后顺序，依次是一年级的"投包入筐"，二年级的"滚大球"，三年级的"旋风跑"，五年级的"沙包掷远"，六年级的"托大球"，二年级的"寻找足迹"，一年级的"毛毛虫"，三年级的"钻山越岭开火车"，四年级的"穿越火线"（匍匐前进+3人侧滚+抬沙发），五年级的"抬小猪"，六年级的"齐心协力走"，二年级的"最长的绳子"，四年级的"集体射门"……新颖、奇特、有趣的比赛项目一个紧接一个。

最后的也最激动人心的是六年级200米接力跑项目。只听见一声清脆的发令枪声，第一棒的队员就像一匹匹脱缰的野马，飞快地奔出了起点线。运动场上立刻响起了激动人心的歌曲《奔跑》。场上领先的是红队，跑道上刮起了一股红色的旋风，红队的队员奋力向前冲去，完成了一个完美的交接棒，红队另一个队员像离弦的箭飞奔出去。"加油！蓝队，加油！""黄队，冲上去，别放弃！"呐喊声、加油声、掌声交织在一起，整个运动场沸腾起来。只见蓝队的运动员在大家的鼓励下越追越近，近了，更近了……赛事更加激烈，更加吸引人了。蓝队阵营里面的同学更兴奋了，情不自禁地围在跑道边上，不断为自己的队伍加油。黄队阵营的同学也不甘示弱，也围到了跑道旁边，使劲地摇起了加油旗，形成一片金黄色的海洋。这时，蓝队的一个队员反超了红队，整个赛场都被这一幕震撼了，场上再次响起了震耳欲聋的欢呼声。两棒以后，红队的队员凭借着一股拼劲，又追上了蓝队。只剩下最后一棒了，比赛进入白热化阶段。红队、蓝队在一争高下，黄队在尽力缩短与其他两个队伍的距离，现场每个观众的心都提到了嗓子眼，全场的观众目光齐聚在终点线上，每个阵营的孩子都在不断地跳跃、呐喊，恨不得把自己的力量都转给赛场上的队员。最终，红队最先冲过了终点线！红队的阵营顿时发出了一阵阵欢呼声。这不就是我们的孩子在用自己的行动诠释体育精神吗？团结、拼搏、超越，让每一个孩子都得到发展，不就是我们学校全员课程"一个都不能少"的育人宗旨吗？

历时一个半小时的全员运动会圆满结束，全国学校体育联盟（教学改革）主席、北京师范大学体育学院院长毛振明教授被全员运动会震撼的场面感动得久久难以平静，在总结发言时，和我两次相拥而泣——"中国的孩子们，就要像坑口小学的孩子们一样，人人都到运动场上、太阳底下去运动。坑口小学的孩子们！你们就是祖国的未来！"

正如六年级郭老师所说："回首短短半天的比赛，紧张、激烈、精彩、兴奋，一幕幕激动人心的场面，深刻脑海：一个个飒爽的英姿，一个个矫健的步伐，一张张不服输的笑脸，看到他们冲向终点时抛下的汗珠，看到他们纵身跃起时划出的优美弧线，如一颗颗金星，闪烁在宇宙之中。还有整齐的方队，沸腾的呐喊。我们拼搏了，我们赛出了成功与精彩！在这里我看到的不仅仅是颗颗灿烂金星凝聚成的一片辉煌，更重要的是辉煌中爆发出的坑口人的拼搏精神。"

二、我所见

每学年的秋季，无论是教育局还是学校，都要轰轰烈烈地举办体育运动会，老师们、校长们、家长们在网络社交平台上得意地晒着运动会的照片，奇怪的是没有几张是学生运动的照片，绝大多数是开幕式各班的出场秀。开幕式结束之后只有少数孩子在奔跑、在比赛，少数孩子在做观众，绝大多数孩子连观众、啦啦队也懒得做，仿佛事不关己，只是在操场晒太阳，或者干脆到教室做作业。学校的运动会，变成了重点在"会"，而不在"运动"。以至于在所谓的校运会中，锻炼的永远是那几个孩子，这次比赛参赛的是这几个，下次参赛还是这几个。这根本就不是校运会，只是校园里几个体育资质较好的孩子在较量，正所谓"校运会，就是一群最需要运动的孩子，在看几个最需要休息的孩子在运动"。这话过于片面，但不无道理。

学校的运动会是这样，艺术节又何尝不是这样？艺术节的舞台上也是只有几个稍有特长的孩子（演员）表演给全校师生和家长（观众）看，有节目的兴高采烈，没节目的甘做看客、自叹不如，学校的艺术节，展示几个，打击一批。

运动会是这样，艺术节是这样，课堂学习还是这样。尽管新课改已十几个年头了，但是课堂上呈现的还是只有少数孩子的舞台，只有少数同学在思考，在提问，在表现，在发展，大多数孩子是配角，是看客。

三、我所想

学校教育整天强调课改，时时说"有教无类""个个提高""全面发展"，为什么教育的现实仍然是少数人的发展？而且是局部发展？早在2500多年前，孔子就提出"有教无类",追求教育平等、教育机会均等和教育民主化。党的二十大报告中,对教育公平又有了新的要求:"我们要办好人民满意的教育,全面贯彻党的教育方针,落实立德树人根本任务,培养德智体美劳全面发展的社会主义建设者和接班人,加快建设高质量教育体系,发展素质教育,促进教育公平。"时下,国富民强,人民群众的愿望早就从追求每个孩子有书读到有好书读,读好书,谁都希望自己的孩子和别人的孩子一样受到尊重,得到重视,不被遗忘,不被落下。这既是人民群众的愿望,也是党和国家对我们教育的要求,更是我们教育人的责任。如果一个班、一个年级、一所学校、同一个课程有的孩子是主体,是主角,而有的孩子是配角,是观众,这是对孩子不负责任的表现,也是对孩子的不公平。要让每个孩子都得到发展,要培养全面发展的人就必须对传统的国家课程和学校课程进行颠覆性改革!

我也许没有什么原创的办学思想,但是,我可以用实际行动践行国家的教育方针和哲人的教育思想,以实现我朴素的教育观点:在我的校园里,每个生命个体都必须得到尊重,都应得到发展,这样的教育才是圆满的!

四、我所做

我们注重"全员课程"的设计。

先贤先哲的育人思想和当下国家育人政策给了我深刻的启发,要让每个孩子都得到发展,首先得要考虑怎样做才能实现这一愿景。我越来越清醒地认识到课程建设的重要性和必要性,课程是实现育人目标最重要的载体,有什么样的课程就有什么样的学生!校长应该对学生赖以发展的课程进行顶层设计,通过课程改革也许能够实现"每个孩子都能发展"这一愿望。无论在哪所学校做校长,我都坚持基于学校的内生文化再造课程,如我来坑口小学不到半年,通过SWOT分析传承历史、审视现实、前瞻未来,深挖学校的"圆运动文化"并对"圆运动文化"育人进行哲学思辨,改造传统的国家课程和校本课程,构建了"圆整课程"育人体系,在"圆整课程"的四大领域里设置综合的"全员课程"。全员课程就是为每个孩子创造学习的机会,为每个孩子的创造力都得到发展的机会而量身定做的。

五、全员运动会项目介绍

坑口小学全员运动会创造性地采用"跨年级同班级"的编队方式,将每个年级的3个班分成了红队(1班)、黄队(2班)、蓝队(3班)。全校720名学生参加全员运动员并邀请了所有家长到场观赛。运动会共设18个比赛项目(每年级参加3个）、3场学校特色社团展示穿插其中。比赛结果以第一名5分、第二名3分，第三名2分的积分形式计入总分，同时隐藏部分项目积分，增加比赛悬念。如此的组织方法不但使学生时刻关注比赛，而且能培养学生的团队精神，这是全员运动会的亮点之一，也是其所承载的使命。

1. "齐心协力永向前"

图7-8　"齐心协力永向前"

比赛方法：由若干名学生排成一排横队在起点线后站立；每个队员的腿与相邻同学的腿用松紧绳绑在一起。听到枪声后，队员们以整齐的步伐奔向目标，先到达终点线的团队为胜利者。"齐心协力永向前"适合六年级的学生参加。

衔接教学：第1阶段由教师安排每5名学生一组（个子高的学生站中间），手互相搭肩，使用尼龙绳作为捆绑道具，借助1—2、1—2的口令前进。练习中如出现了错脚、不同步等情况导致同学们焦虑、指责的情绪发生，教师应进行引导与鼓励教育。经过反复多次的练习，学生慢慢找到感觉。第2阶段在第1阶段练习的基础上，挑选出步频、步幅、节奏相对匹配的学生为一组，男女共8组，每组安排1名组长喊节奏带领学生们练习。在一个水平相同的小组里，学生进步明显，信心大增。第3阶段进行人数增减，最多增加到15名学生一组，并教会学生掌握节奏快慢的控制，可先进行班级5人或7人小组赛、男女对抗小组赛等，通过比赛促使学生收获更多的实践经验。

项目价值：为了使每一名学生都有参赛机会，共设了5人小组8队、男女10人小组4队的比赛，采用第一名得5分、第二名得3分、第三名得2分的积分制形式进行比赛，统计累计得分，最后确定获胜队伍。通过比赛，学生找到了存在感和认同感，更重要的是团队成员给予的鼓励，学生们说："我们摔倒过，失败过，但是我们不认输！"

2. "夺冠高手"

图7-9 "夺冠高手"

比赛方法：将学生分为5组，4名学生为一组（1名学生骑伏在另3名同伴搭成的架子上，并戴上一顶帽子），骑手要想办法摘掉对方骑手的帽子。听到"各就各位"口令，各队成"骑马"姿势，发令枪声响后即可移动抢夺对方的帽子，被对方摘掉帽子的小组自行退出比赛，直到比赛区域内剩下的全部为统一颜色队伍的选手，则本组比赛结束。如果骑手不慎"落马"，可以重新"上马"参加比赛，对有明显推搡、抓挠等危险动作的行为进行罚分。"夺冠高手"适合五年级的学生参加。

衔接教学：应先对学生进行安全教育，提醒此项活动容易出现的安全问题，并告诉学生如何防范及处理受伤事件，稳中求进地学习规则和技巧。第1阶段挑选出适合做骑手的学生，骑手应具备身体轻盈、反应灵敏、动作协调、眼疾手快等素质，优秀的骑手能起到鼓舞人心、力压对手的效果。第2阶段为搭架移动，骑手骑伏在由3学生组成的搭架上（让学生根据小组内的方法搭架，以在比赛中不散架为目标），在教师的保护下移动。第3阶段为个性化分层练习。骑手多进行摘帽、躲手、摆动等辅助练习，搭架学生进行变向移动、托脚骑行、协调补位等练习，直到能随心移动的熟练程度，才可以进行实战练习。第4阶段为对抗实战。挑选出实力相当的队伍练习搭手对抗、甩手抓帽、战略走位、战术配合。在学习过程中，教会学生分析战况和选择策略，达到随机应变的练习效果，才可约其他班进行热身比赛。

项目价值："夺冠高手"是一项追求身体素质兼行为策略的比赛项目，能考验学生的拼搏精神，可有效改变学生身体的"软、散、硬、笨、晕"等不良状态。项目"斗智斗勇"，能让五年级的学生们热血沸腾。

第八章　圆通课堂

导读

追寻形神兼备的课堂

2020年11月30至12月4日，我们广州市义务教育阶段校长教师专业能力提升工程小学组一行42人，分别参访了广州市从化区希贤小学、天河区五山小学、番禺区市桥中心小学、花都区骏威小学、花都区圆玄小学。

这次活动我们的主要任务是交流学校的课程建设、课堂管理和评价制度等，到学校深入课堂听评课，听取校长、副校长、主任等行政干部的主题分享。

在希贤小学，我们在学生们的引导下，领略了校园的一步一景，观摩了一节关注学生核心素养，致力于学生思维发展的、活动丰富的数学课。更令人惊叹的是学校特色跳绳课程的建设，从中可见学生坚持不懈、努力拼搏的精神，以及老师们良好的素质、进取奉献的教学态度，令人印象深刻。

在五山小学，我们漫步校园，处处可见国学经典文化印迹；经过课室，处处可闻国学作品诵读声。学校编纂的特色教材符合各级学生的年龄认知特点，打造的温故—知新—致用的课堂教学模式，帮助学生扎实地学习国学知识。课后，许校长进行了学校办学历程、办学理念的介绍，"泡菜论""煲汤论""存钱论"风趣幽默而又通俗易懂，切切实实地让我感受到校领导和老师为了学生的知识积累所付出的努力。

在市桥中心小学，一节数学观摩课以及"如何在数学课堂进行有效评价"专题讲座，从评价语言、评价环节等方面给参与活动的老师进行了一次深入浅出、逻辑清晰的评价方式讲解。简科长从何为评价，何为教学评价，何为有效评价引入话题，并明晰了何为有效。教导处副主任韩嘉咏老师接着进行了"建立课程群，搭建学生全面发展舞台"的教学管理交流。学校开设的合唱、金融特色社团也让大家赞叹不已。柯校长借用通俗易懂的生活哲理——"蒸馒头"（学生观）、"拌水泥"（团队观）、"和面团"（管理观）向参会老师分享了学校的管理心得。

在骏威小学，我们置身于红色文化，久久不能平静。学校传承了红军革命精神，红色教育开展得有声有色。

圆玄小学"至善"教育的评价体系完善、细致，真正起到了促进学生多元发展的作用。

在为期一周的参访交流学习过程中，我特别关注每所学校的课堂教学模式和评价体系，因为我们学校正在做"学校'圆满教育'理念下教师课堂观察能力提升的研究"这一大课题研究，正在探索"圆满教育"理念下的课堂教学。这些学校的课程建设、课堂管理和评价制度等，给我们以启示，让我们少走一些弯路。

课堂是实现课程育人的主阵地，是学生绽放生命的地方。坑口小学"圆满教育"理念下的课堂价值追求正如《论语·第七章·述而篇》所说的"不愤不启，不悱不发。举一隅不以三隅反，则不复也"之境界，那就要打造一种融会贯通的"动脑子"课堂，我们称之为"圆通课堂"。

第一节　圆通课堂模式实践新思索

圆通课堂不断地实践与思索，创设出极有特色的全员课堂新样态。

一、课堂教学模式及要素

课堂教学模式一般具备以下要素：所依据的教学思想与教学理论、要达到的教学目标、所运用的教学策略、教学实施的基本程序、教学评价的标准与方法等。显然，把建构教学模式理解为某种教学策略的发现、教学流程的确立，这是一种以偏概全的做法。

那么，课堂教学需不需要模式？这是一个长久以来争论不休的话题。模式可"求"而不可"贪"。模式的建立是一个极其缓慢的过程，对于外来经验，不能"拿来主义"，而应该结合校情，创生实践智慧。课堂教学改革的目的是追寻教学规律、回归教育本质。因此，我们应该抛弃构建"速生模式"的幻想，跳出改造"流程与环节"的窠臼，挖掘模式之后的基本要素，从"轰轰烈烈的改革"走向"静悄悄的革命"。

教育的根本任务是落实立德树人，课堂教学的根本任务是发展学生核心素养。教师作为教学过程中的组织者、指导者和引领者，要对课堂教学"教什么""学什么""怎么学"这三个要素有清晰的认知，通过评价了解学生"学得怎么样",并根据学生"学得怎么样"做出教学策略的调整,不断提升学生学业水平。

"教什么"实际是课堂教学的目标要素,"学什么"实际是课堂教学的内容(活动)要素,"会什么"是课堂教学的评价要素。教学目标是个点,是某一个"到达点",犹如射击的靶心;学习活动是条线,是一个过程,有一个运行的轨迹。教学评价也是围绕教学目标这一"主导"而进行的,要评价学生在学习活动中达标的情况而不是评价活动本身。[1]课堂教学目标的确定要指向学生关键能力的培养,课堂教学内容要指向学生知识的结构化,课堂评价要突出学生的主体地位,对照目标和活动进行,并贯穿教学始终。

教师"教什么"、学生"学什么"、学生"学得怎么样"这三者要一致才能实现打造充满生命活力的高效课堂。"一致性"是安德森提出的概念,他对"使测评与目标保持一致""使教学活动与测评保持一致""使教学活动与目标保持一致"进行了阐述,并强调三者"保持一致性的重要性"。[2]

没有教学目标的课堂就没有方向,清晰的目标是教、学、评一致性的前提,在强调"使教学活动与测评保持一致"问题上,安德森指出:"当测评任务与教学活动严重缺乏一致性时,教师就不能够正确地估计教学活动的效果。"安德森认为,即使是"非常出色"的教学活动,如果不能为教学评价提供"测评的信息",这种教学也只能给予"未能达到预期效果的结论"。在强调"教学活动与目标保持一致"问题上,安德森提出要"辨认那些与单元(教学)目标无关或充其量略有关系的教学活动",要"取消这些活动使得单元的教学更为'紧凑'、效率更高"。[3]

二、课堂教学评价的外在与嵌入

利用课堂评价激发学生学习兴趣和学习活力,促进学生主动、积极学习是我对创建充满生命活力课堂的不懈追求。

一直以来,教师比较喜欢用的、也是习惯用的课堂评价形式:一是结论性评

[1]李伟成.教学的目标、活动与评价之独立性与一致性刍议[J].教育导刊,2013(2):64-66.

[2]李伟成.教学的目标、活动与评价之独立性与一致性刍议[J].教育导刊,2013(2):64-66.

[3]安德森 L W,克拉斯沃尔 D R,艾拉沙恩 P W,等.布卢姆教育目标分类学:完整本[M].修订版.蒋小平,张琴美,罗晶晶,译.北京:外语教学与研究出版社,2009:199.

价，教师给出肯定或否定；二是嵌入性评价，教师对学生学习状况及时点评；三是典型性评价，教师为回答正确的学生或者有突出表现的学生"树立标杆"。

结果性评价是"事后诸葛亮"，不能起到优化学生学习过程的作用。嵌入式的口头评价比较随意，不严谨，不精准。而且学生个体游离于这些评价之外，评价难以引导学生自我反馈、改进学习。[1]典型性评价，简直就是"表扬一个、打击一批"。上述三种评价形式都是外在的，不能激发学生的学习动力。

评价是风向标，是通过恰当的技术工具和方法对所实施的教育活动、过程和结果，对教育者和受教育者进行科学的判定。2020年10月，中共中央、国务院发布《深化新时代教育评价改革总体方案》，强调"改进结果评价，强化过程评价，探索增值评价，健全综合评价"。《义务教育课程方案（2022年版）》要求改进教育评价：注重对学习过程的观察、记录与分析，倡导基于证据的评价；关注学生真实发生的进步，积极探索增值评价，加强对话交流，增强评价双方自我总结，反思改进的意识和能力，倡导协商式评价；注重动手操作，作品展示，口头报告等多种方式，综合运用关注典型行为表现，推进表现性评价。

要倡导基于证据的评价，就要注重伴随着学习进行的评价，把评价贯穿教学全过程。要倡导协商式评价，就要引导学生完成自我反馈和自我评价，把评价的权利还给学生自己。推进表现性评价，就要培养学生在学习过程中解决问题的能力，把评价外现为学生关键能力的展示。

无论是中共中央、国务院发布的《深化新时代教育评价改革总体方案》的强调，还是《义务教育课程方案（2022年版）》"两倡导一推进"的评价要求，目的都是使学生的"学习力"更加可视化，进一步发挥"用评价引领学习"的作用。因此，我们要改变传统的课堂学习评价模式，让评价成为促进学生自主发展的催化剂和助推器。要制定符合学校、班级学生学情的课堂评价标准，创新评价活动，真正实现"以评促教""以评促学"，创建充满生命活力的课堂。

第二节　圆通课堂全员参与新模式

课堂是师生绽放生命的地方，而学校现实的课堂样态大多仍是老师盲目地教，学生被动地学。为什么课堂上学生不愿意动脑筋主动去学？学生学习过程中

---

[1]崔成林."思维碰撞"课堂的理论建构与实践研究[J].中国教师，2016（2）：57-61.

为什么没有灵气？或许是我们没有遵循课堂教学规律，不懂遵循促进学生思维发展的教学规律。

课堂要变革，那我们就要弄清楚现在的课堂是什么样的，存在哪些顽疾，有哪些不适宜、不适用的东西；也要明确要怎么变革，要变革成什么样。

我们要明确课堂变革的整体方向，厘定学校课堂呈现的新样态。我们弄清楚了课堂灌输式教学的严重情况，基于坑口小学的土壤、基因、内涵和个性等内生文化，确定了训、教、研"三位一体"的整体构思，建构了圆通课堂的教学模式。

一、圆通课堂教学模式

中国教育科学院专家、华南师范大学专家，以及广州市、荔湾区两级教研员对学校圆整课程的课堂教学提供了理论和实践的指导。学校先后举办"课程设计""有效教学""核心素养与思维课堂""技术支持的思维课堂研究""专业的听课与评课"等学术讲座，为圆通课堂的建设奠定了坚实的理论基础。学校以院校合作形式打造圆整课程体系下的"圆通课堂"，使课堂教学与研究更具学术性。

1. 圆通课堂结构——四要素

目标：培养思维能力、品质、方法。在态度上是主动沟通的；在方法上是互动贯通的；在技能上是生动灵通的。

内容：按照思维体系对教学内容进行分析、建构、组合设计，找准学科思维发展优势点。

过程：遵循思维发展规律，按照思维发展逻辑设计教学过程、采用教学策略、构建教学模式。

评价：以思维的发展作为评价导向，制定课堂教学以及教学效果评价的科学体系。

2. 圆通课堂教学模式

（1）圆通课堂的基本模式（"总模"，见图8-1）

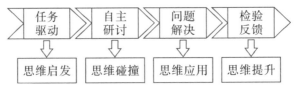

图8-1 圆通课堂的基本模式

（2）语文、数学、英语等学科课堂教学模式（"科模"）

①语文：新授导入—初识大意—品鉴精读—拓展阅读—迁移写作。

前三个环节（20分钟）为新授，接着10分钟为拓展阅读，最后10分钟为迁移写作，"新授、拓展、迁移"三位一体。

前20分钟的新授是课文内容的讲读，侧重于学生记忆、领会、运用等低阶思维训练，后20分钟的读和写，指语言文字的运用，更侧重于学生分析、综合、评价等高阶思维训练。

②数学："导、探、测、延"四步模式。

"导"即学习导航，即上课时，老师引导学生自主思考生成问题（思维准备），明确学习目标；"探"即合作探究，学生小组合作学习，解决问题，培养学生的学习能力、发散性思维、团队意识和合作精神（思维发展到思维深化）；"测"即测评反馈，查漏补缺，巩固教学成果；"延"即实践延伸，向课外和生活延伸（思维应用）。

③英语："1+1+1"交际型课堂模式。

"1+1+1"指师生交际、生生交际、扩展听读三大教学活动（见图8-2）。

图8-2 英语课堂三大教学活动

英语课堂教学通过五大环节（创设情境—初步感知—情景交际—拓展听读—整体运用）培养学生听说读写和语言交际等能力，促进学生的思维由低阶向高阶发展（见图8-3）。

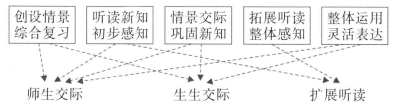

图8-3 英语课堂教学五大环节

（3）同学科不同课型形成课堂教学变式（"变模"）

我们不反对用"模"教，但这个过程有层级性：一是"用模"，让课堂有形；二是"超模"，让课堂有神；三是"脱模"，让课堂形神兼备。

（4）多学科融合主题化课堂教学模式

基于学科间整合的理念，我们一是把十多门类课程整合成四大领域。二是每个领域里学科间整合，将学科教材与相关课程资源整合，找到相关学科在教学方法、教学内容、思维方式、知识背景等方面的切合点，相互渗透，有机融合，创造性地进行教学。

如把人教版《语文》四年级上册第八单元和北师大版《品德与社会》四年级下册第五单元的第一课《不断更新的通信家族》整合成跨学科主题式实践课"奇思妙想"（一学年的教材通整），目标明确、重点突出，直指整合主题。

各学科不同课型构建课堂教学变式，坑口小学有过多次成功的实践。

2020年11月，袁老师以"生活处处留心皆学问"为主题课例，以国家教材为依据，将四年级语文、道德与法治、综合实践活动、美术、音乐等学科以《语文》第六单元进度为准，与相对应的知识点"一横式"结构化整合为"生活"主题大课程，以"读、思、践、悟"教学模式积极探索学科知识与实践活动之间的整合。整合课型以"生活"为主题，包含"现实生活""探究生活""快乐生活"三块内容。袁老师先请学生从感受不同乐器的音色开始，探究对"学问"的理解，引出"生活处处留心皆学问"的课堂主题。随后，通过比较阅读，引导学生对生活进行初步的思考，分享自己的生活感受。在"探索文本、体验生活"这一环节中，袁老师根据学生的学习特点，将学生按学科分成综合实践活动、数学、音乐、科学、道德与法治、美术六个小组，请学生从不同学科的角度发现生活中的学问，并通过小组展示的形式，分享各自的发现（见图8-4）。

图8-4 2020学年第一学期坑口小学课程整合主题教学研讨活动

2021年4月，艺术科罗老师执教"生活·自然·美"课程。在学科整合的基础上，罗老师对语文、音乐、美术这三门学科的艺术形式进行深度整合，通过"一横式"的知识结构与"一纵式"关键能力发展的对话课堂，探索"艺术欣赏、艺术评述、艺术表达"教学模式，让学生以多种形式表达对自然的赞美，形成个性化课堂（见图8-5）。

图8-5　2020学年第二学期坑口小学课程整合主题教学研讨活动

2021年10月14日，坑口小学开展"多学科融合主题化教学"的校本研修。语文、道德与法治、体育等学科骨干教师参加研讨，对多学科课程融合主题化教学这一国家政策背景下的课题进行研讨。

学科目标之间的融合点要有关联性，明确多学科融合主题化教学不是重复课程内容，而是在单学科教学基础上进行补充和延伸。这种教学聚焦学生的高阶思维发展，根本目标是提高学生综合、归纳、推理等能力，培养学生多方位、多角度、多层次分析问题、解决问题的能力。

圆通课堂上，老师要做的就是捕捉学生的灵感，发现学生的风采，表扬学生的创意，让学生有成就感，充满自信，自然放松地去展现。这会让课堂焕发生命活力，将学习的主动权还给孩子，将课堂学习的时间和空间交给孩子，关注每一个孩子课堂学习的全程和全面发展。

二、"二元五次"和"跨越式"全员课堂新样态

在"圆整课程"体系里，我们通过整合国家课程，呈现"学为主体，个个表现"全员课堂特点，形成极有特色的圆通课堂。学校教师在"'二元五次'常态课例研究"和"基于信息技术的'跨越式'课题研究"两个课题的基础之上，打造圆通课堂新样态，让孩子们在课堂上个个动脑筋，人人有想法，充满活力。

1. "二元五次"常态课与"跨越式"课题研究

"二元五次"常态课的"二元"是指两次观课，"五次"是指基本流程中包含的五个环节，即合作课堂设计、教学及同伴观课、反思及评估修正、修正后再教及观课、再反思及成果分享（见图8-6）。

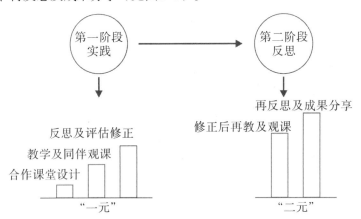

图8-6 "二元五次"常态课模式

每一次观课、每一次反思都是解决师生共同提高、共同发展问题的一个研究点。借助每一个研究点的观察量表，在最常态的课堂教学中创设全员参与的平台，让每个学生都动起来，让不同层次的学生都有发言权。即使学生说错了，教师也要表扬他积极发言。在教师的表扬下，学生会畅所欲言。通过师生、生生对话与协作，使学生体验到学习的快乐，成就全员参与的课堂。

"跨越式"课题研究紧扣"2+1+1"模式实现全员参与的高效课堂。"2"是指20分钟的新授课，第一个"1"是指10分钟的拓展阅读，第二个"1"是指10分钟的写作运用。课堂前30分钟对知识的"大"输入，后10分钟是对知识的综合"大"输出。课堂上学生根据自身对文本的理解，结合自己的生活体验，表达真实想法，真正体现了多元解读。正所谓"山不辞土，故能成其高；海不辞水，故能成其深"。阅读感悟不能只停留在口头交流上，如能每天给予学生几分钟静思默想、动笔抒写的机会，久而久之，交际写作一定不再是件让学生头痛的事。琅琅的书声与"刷刷"的笔耕相伴，这是语文课堂独特的标志，更是完满课程思维课堂的追求。

2. 课例研习

课例研习是打造课堂新样态的有效方式。

（1）注重三个环节

①上课议课：焦点在教师。教师作为授课者，上课的作用是磨炼教学技能；教师作为评课者，评课的作用是对照与反思课堂技能。

②观课议教：焦点在教师、学生、教材之间的关系。教师作为授课者，上课的作用是帮助教师发现自身问题；教师作为观察者，观察的作用是从他人的课堂得到启发。

③析课议理：焦点在教学目标、教学内容、教学方法之间的关系。教师作为授课者，上课的作用是领会到教学的"道"；教师作为评析者，评析的作用是实现从经验到"意识"的飞跃。

（2）抓住三个节点

①课前会议。

由"解决"和"组成"两块内容组成。如图8-7。

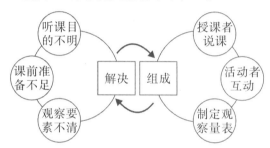

图8-7　课前会议的组成

②课中观察。

大多数教学问题都是"镶嵌"于课堂实际情境中的，通过对课堂的深入观察，可以对课堂教学过程中的一些现象和行为归纳出量化的数据。这些数据一方面可以作为课堂评价的指标，另一方面还可以作为二次分析的素材，促使教师进行自我反思，进行改进，进而获得专业发展。

课中观察，由观察、记录、分析三个动作组成，要注意确定观察点、了解观察对象、做到点面结合三个要点。如图8-8。

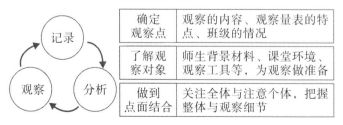

确定观察点	观察的内容、观察量表的特点、班级的情况
了解观察对象	师生背景材料、课堂环境、观察工具等，为观察做准备
做到点面结合	关注全体与注意个体，把握整体与观察细节

图8-8　课中观察要点

课中观察，观察者要用心灵感悟课堂，关注课堂细节，积极主动思考。

③课后反思。

如何让反思更有价值？实践中的反思常与实践问题的解决相联系。

首先，有价值的反思应当源于有价值的问题。问题是反思的起点，也是反思的发动机。其次，有价值的反思必须有行动的跟进。反思源于问题，指向问题的解决或行动的改善，本质上是行动研究的一个部分。再次，有价值的反思依赖于同伴的合作。

以"发现问题到解决问题"为活动流程，整个活动更像是一种"诊断治疗"过程。"诊断治疗"的思想来自医学领域。完整的诊断治疗过程包括以下环节：病人叙述病情—医生利用各种必要手段对病人进行检查，得出结论—医生开出治疗处方—病人吃药或接受其他治疗。如果病人接受治疗后恢复健康，这一诊断治疗行为就结束了；如果没有恢复或出现了其他情况，则再继续另一个完整的诊断治疗行为。如果一个医生无法完成治疗行为或需要专业帮助时，则需要其他医生一起"集体诊断"，即会诊。

校本研修的"诊断治疗"与医学上的"诊断治疗"不同：①医学上病人和医生的角色基本上不互换（除非医生自己生病），但在教研中"医生"和"病人"的角色是不断互换的；②医学上的病人与医生大多数是一对一的，但在教研中却是"一对多"的，当一位教师叙述或呈现"病情"时，其他教师都充当了"医生"的角色；③医学上，病人对医生的处方基本上以"遵守"为主，但教师不一定会按照其他教师所提供的"处方"执行。

校本研修始终围绕"问题及问题的解决"进而"改进教师实践"展开"诊断治疗"。这样一个过程，既是校本研修的行动过程，也是教师自主学习的过程，更是实践行为的改善过程。衡量校本研修成效的关键是教师在教研活动中发现和解决了实践问题，促进了自身实践行为的改善。

三、减轻学生作业负担的新实践

作业负担过重一直是课堂教学"之后"的大问题，是不少学校回避不了的问题。圆通课堂，从技术层面减轻学生作业负担，从行政监控走向技术指导。

1. 厘清原因：学生学业负担为什么屡减不下？

学生学业负担屡减不下可能有以下原因：对作业在学习过程中的意义缺乏正确认识；对作业功能（做什么用）缺乏研究；对作业编制、设计、布置、批改与反馈等缺乏应有指导；对作业结果"高利害"利用而过于强调作业的"知识本位"；将作业与学习割裂，不加选择地、赌博式地布置大量习题……

各级教育主管部门都颁发了关于切实减轻义务教育阶段学生作业负担、提升作业质量的政策文件和工作方案，学校应当重视学生作业问题。

2. 定位方向：融作业于课堂的"任务式学习"

我一直在思考课堂之后的三个问题：学生为什么做作业？教师布置做什么样的作业？学生怎么做作业？

（1）学生为什么做作业？

作业，是沟通知识与能力的桥梁；作业，是教与学的交汇点；作业，是一种最具操作性的认知活动；作业，是一种知识应用的模拟活动；作业，是知识转化为技能技巧的一种实践。

（2）教师布置做什么样的作业？

这涉及作业设计问题。目标上，作业设计要注重思维发展：设计意图要明确，要求陈述准确恰当；形式灵活多样，选材贴近生活实际，尊重学生现实；注意内容的关联性；渗透方法论思想；具有开放性、综合性。内容上，作业要选择有意义的学习任务：新颖的作业；富有挑战性的作业；与学生的知识、经验和理解能力相适应的作业；需要动脑筋思考才能解决而不是对已经掌握的规则机械运用和反复训练的作业。形式上，作业要与学习内容匹配：作业形式与学习任务的性质一致，以作业形式引导学生完成任务；标新不立异，"唤众"不取宠。[1]

（3）学生怎么做作业？

①当堂训练，即时完成。

②边学边练，对点完成。

③先易后难，渐进完成。

在"当堂训练"实践过程中，各学科老师应从学生思维发展的角度精心设计课堂作业，把学生的作业活动与研究解决实际问题结合在一起，提高作业的设计质量，也提高学生学习的水平。

3. 有效探索：逐步形成圆通课堂作业最佳样态

坚决执行《荔湾区教育局关于切实减轻义务教育阶段学生作业负担、提升作

---

[1] 仙居县教科所项目组. 作业改革：从技术层面减轻学业负担的探索 [J]. 浙江教学研究. 2010（6）：6-8.

业质量的工作方案》的相关规定。

（1）健全作业管理制度，控制作业总量

健全以校长为第一责任人的作业管理制度，包括作业制定要求、作业管理细则、作业评价方式、作业检查机制。实行作业总量审核监管和质量定期评价制度，加强统筹、合理调控作业结构。

建立作业校内公示制度，确保难度不超过国家课标。确保小学一、二年级不布置家庭书面作业；小学三至六年级书面作业平均完成时间不超过60分钟，鼓励实行每周一天"无作业日"；初中每天书面作业完成时间平均不超过90分钟；周六日、寒暑假、法定节假日也要控制书面作业时间和总量。指导学生合理安排完成作业的进度。坚决克服机械、无效作业，杜绝重复性、惩罚性作业。

充分用好课后的时间，加强学生作业指导，小学生基本在校内完成书面作业，做到原则上作业不出校门，对学习有困难的学生进行补习辅导答疑，为学有余力的学生拓展学习空间。学校统筹语文、艺术、体育、科学、德育等学科教师，科学设计多样化的非书面作业，加强课外阅读、艺术欣赏与实践、探究活动、体育锻炼、家务劳动与社区服务等家庭学习指引，引导学生自主管理校外及家庭学习生活，加强自主完成作业能力。

定期开展校内、区域内两个层面的作业设计和作业管理等评价、展示、探究活动。启动分学科、分年段建立区域性的作业资源库建设。

（2）提高作业设计质量

各学校要将作业设计纳入教研体系，加强作业设计的研究，加强作业管理研究（包括作业的设计、布置、批改、分析、反馈、辅导、检查、监管），加强学期作业、单元作业的整体设计研究。学校应围绕作业设计展开校本教研和集体备课，结合教学任务和具体学情，创新作业类型、作业评改方式、作业反馈与辅导方法。

（3）创新作业类型方式

学校要根据学段、学科特点及学生实际需要和完成能力，合理布置书面作业、科学探究、体育锻炼、艺术欣赏、社会与劳动实践等不同类型的作业。鼓励布置分层作业、弹性作业和个性化作业，以及科学设计探究性作业和实践性作业，探索跨学科综合性作业。切实避免机械、无效训练，严禁布置重复性、惩罚性作业。

（4）认真批改、反馈作业，强化作业完成指导

教师要切实履行好作业指导职责，坚持在课内布置作业，指导小学生在校内基本完成书面作业，并认真分析学情和批改作业，及时做好反馈、加强面批讲解、做好答疑辅导，不得要求学生自批自改作业，强化作业批改与反馈的育人功能。通过作业精准分析学情，采取集体讲评、个别讲解等方式有针对性地及时反馈，特别要强化对学习有困难的学生的辅导帮扶。鼓励有条件的学校科学利用信息技术手段进行作业分析诊断。教师要指导学生完成好基础性作业，强化实践性作业，探索布置弹性作业和跨学科作业。

（5）强化作业设计研究，坚持有效评改反馈

教师布置作业要明确作业目的、完成时长、明确提交时间、明确反馈方式。应按时回收、认真检查批改、全面分析、及时反馈作业情况。教师评改作业可采用进阶式评价、定量式评价、等级性评价、对话性评价等多种方式。坚持正向激励，对低年级学生书面作业的评改要多给予奖励性标识，引导学生喜欢做作业；对高年级学生重要作业的评改要诚恳给出意见和批注，引发学生深度思考；不得使用侮辱、嘲讽言词或符号批改、反馈作业。不断提升集体讲评、组内互评、个别面批等反馈方式的针对性和有效性，面批指导时教师要耐心细致，激发学生的学习热情。积极探索运用新技术手段，分析学生作业结果、作业目标达成情况，关注不同学生的结果差异，深层次探寻产生差异的原因。定期整理学生作业结果，反思教学中存在的偏差，及时优化和改进教学。

（6）严禁给家长布置作业，减轻家长负担

严禁给家长布置或变相布置作业，严禁要求家长检查、批改作业，不给家长增加额外负担。引导家长树立科学教育观念，理性确定孩子成长预期，积极与孩子沟通，关注孩子情绪，帮助其养成良好的学习生活习惯。建立一个便于家长反馈作业问题的通道，积极与家长沟通，共同明晰作业设计的意图和作业总量，让家长充分理解，并清楚学生文化课作业与家庭体育锻炼作业、家务劳动作业、社会实践作业、家庭亲子活动之间的区别。

第三节　圆通课堂观课议课新实践

课堂观察力是教师教育教学的一种专业能力，包括问题定向、方案设计和操作执行三方面能力。在过去的校本研修模式中，教师在实施观课议课时无据可依，找不到或找不准课堂观察点，不利于教师专业能力尤其是课堂观察力的提

升。为了提升教师课堂观察力，学校建构基于"圆满教育"理念下的圆通课堂教学模式，借助华东师范大学崔允漷教授的"LICC"课堂观察范式，研制圆通课堂观察量表、圆通课堂教学评价标准表和LICC视点结构教学大数据观察平台等工具，指导教师按照观察程序进行观课议课。实践证明，这提升了教师的课堂观察力，有助于教师对教学进行反思，有效地提升了教师的教学能力。

一、改"听课评课"为"观课议课"

学校有学科组教研活动，据老师们说"听课"后总是听教导主任宣布任务说第几节"评课"。听课、评课这么"说"，也许是一种惯例，十几年不改。新课程改革后，听课、评课仍不改，就不是习惯的问题了，而是教研观念、教研方法的问题。听课、评课必须改为观课、议课。

1. 何为"听课""观课""评课""议课"？

"听课"主要用单一感官去"听"课堂，其指向性主要在教师，"听"教师如何上课，"听"教师如何完成教学，重点在课堂教学的过程与步骤。

"观课"是用多种感官对课堂教学进行多向度观察，其指向性不仅在教师，也在学生。"观课"重课堂的总体效果。听课主要用耳，"听"清楚即可；观课则要用心，以感受体验为目的，两者目标不同。

"评课"是以旁观者的视角对课堂教学、对教师做一种价值判断，其潜在的假设是一种二元对立的课堂，非此即彼，不是好的就是有问题的。评课也是一种主客体思维，将自身与课堂截然分开，以自身的主体性思维对课堂这一客体做出评价。

"议课"是以主体参与的方式进入课堂，将课堂教学作为教师发展的一个凭借对象，其出发点是解决课堂教学中的问题，并非简单地将课堂的执教者作为等待帮助的客体，而是以课堂中出现的"问题"来引领、促进教师共同解决问题，以获得共同发展。议课的核心是合作、对话，在共同参与中，将教师培养成为一个善于观察、反思的"智者"型教师。在议课中，课堂、执教者、议者形成一个教师发展的共同体。

2. 如何观课、议课？

第一层次主要"观""议"课堂情境中各种教学技能与技术的有效性、教学主体目的的适应性和教学策略使用的合理性等，主要是对课堂的教学操作技能层面的观与议。教师的课堂操作教学技能是外显的，主要有教学组织技能、课堂驾驭技能、教学应变技能、语言表达技能、教材把握技能等。这一层次是教师专业发展的基础。

第二层次主要"观""议"教师将教育的理论运用于教育的实践，及其所作出的关于教学目标、内容等方面的独立决策，主要是对课堂教学活动映射出来的教师教育教学理念层面的观与议。课堂活动的每一个细节，都显现出教师的教育教学理念，观课议课要从课堂活动中发现教师"意图"。这些"意图"，有些是教师自觉呈现的，有些是潜在的，是教师自己都没有意识到的、可能与自觉"意图"相反的。

第三层次主要"观""议"直接或间接与课堂有关的教育道德和伦理，主要是对课堂教学活动中教育教学道德和伦理层面的观与议。教育伦理的价值在于它使教育的本体价值得以最大限度地发挥，使人类对教育的需要得到更好的满足。课堂教学活动从规范、约束和限制学生的外在行为向激励学生内在的自我完善、自我发展和自我升华转变；教师在教学活动中获得人格与职业的尊严，获得来自学生的诚挚尊重；学生的人格尊严在教学活动中与教师的优良师德修养和谐自然都是教育伦理价值的体现。

①观课议课的角度如下。

教学目标：准确、具体、落实。

教学内容：切实、重点、清楚。

教学过程：清晰、连贯、严密。

教学方法：合理、多样、灵活。

②观课议课应有的态度如下。

观课：尊重与信任，给观课者以借鉴。

议课：诚恳而客观，给授课者以鼓励。

③观课议课活动中要注意以下两个问题。

一是问题引领、反思中发展是观课议课的核心。观课议课不同于听课评课的重要之处就是以解决问题为核心。每次活动不求全，不求大，由一个核心问题（话题）来引领，以此为发端，试图达到分析问题、解决问题的目的。切忌泛泛而谈，没有中心，没有主题，对课堂的每个方面都隔靴搔痒，浅尝辄止。

二是共同参与，合作探究。听课评课是个体的行为，观课议课是以集体协作反思为前提的。每个参与观课议课的教师都能在活动中对课堂教学从不同的角度思考，联系自身的教学活动体验，结合自身的教育教学理论背景，共同反思，合作探究，达到共同发展的目的。

二、教师课堂观察能力提升策略

课堂观察仍存在随意观察多、结果描述多、个体经验多的现象，教师课堂观察能力急需提高。教师课堂观察能力包括理论解读能力、问题定向能力、方案设计能力、操作执行能力、总结提炼能力，这五种能力对应了课堂观察的主要步骤。基于课堂观察的步骤，采用以理论素养为先导、以解决问题为目的、以规范程序为保障、以解决方案为表达的策略，提升教师课堂观察能力，从而提升教师专业水平。

1. 教师课堂观察能力的内涵

观察是指仔细察看，是有目的、有计划地感知。观察力是在感知过程中逐渐形成的、一种比较稳固的认识特点，是衡量个人观察水平的标志。宫兆鑫构建的教师课堂观察能力的构成要素包括知识学习能力、问题定向能力、方案设计能力、操作执行能力、逻辑思维能力、表达能力。结合观察的内涵，宫兆鑫对于课堂观察能力的构成要素以及各个学科教研组的教学实践，将教师课堂观察能力的构成要素调整为理论解读能力、问题定向能力、方案设计能力、操作执行能力、总结提炼能力。理论解读是问题定向的必备条件，方案设计的核心是课堂观察量表的设计，总结提炼将课堂观察结果转化成解决问题的方案，是课堂观察的主要目的。

2. 教师课堂观察的现状

2012年起，学校在"基于课例研究的教师学习共同体构建"课题研究中构建了教师学习共同体。从课例研究入手，基于大量课例研究来培育实践智慧，提高教师的教学水平及科研能力、反思能力。但是，教师在观课议课时并无工具依托，夸夸其谈。教师在常态的观课评课活动中仍然存在缺少理性思考，缺少科学判断，缺少合作分析的问题。

（1）随意观察多，有意观察少

随意观察和有意观察的区别在于观察的目的性和观察内容的选择性。由于观课前没有确定课堂观察的目的，教研组听课评课活动中普遍缺少问题的聚焦，老师们只是很全面地记录整个教学过程，最终给予综合性的点评，一般讲三个优点、两个缺点、一个建议。这种随意观察的方式收集到的信息相对零散、不成系统，无法有效推进课堂教学的改进。

（2）结果描述多，深度解释少

教师的观察水平可划分为三个不同层级，即描述水平、解释水平和预测水平。大多数教师仍停留在描述水平，无法通过逻辑的抽象的思考，基于观察结果推理出课堂事件的发生过程。课堂教学过程是复杂的，因为课堂观察的有意观察少，导致教师观课评课通常罗列教育事实，很少运用教育理论进行分类和解释，更别说提出解决方案。

（3）个体经验多，团队协作少

课堂观察是一种行为系统、研究方法、工作流程和团队合作。课堂观察必须有完整的方案设计和系统的操作执行，需要团队协作完成，而当下区域内的课堂观察通常没有在观课前进行课前会议，便直接进入观课议课环节。这就导致课堂观察缺少目的和分工，教师们大都结合自身教学经验进行评课，一般前两个老师评课后，后面的老师几乎无话可说，导致教师资源的浪费，教研的效率较低。

3. 教师课堂观察能力的提升策略

学校在"圆满教育"理念统领下，以"培养追求完满的人"为育人目标，构建"圆整课程"和"圆通课堂"。一方面，在构建过程中，各教研组通过课堂观察不断完善课堂教学模式；另一方面，在课堂观察的实施过程中总结出以下提升教师课堂观察能力的策略。

（1）以理论素养为先导

理论素养包括教师的理论知识储备和理论解读能力。教师在日常理论学习中所积累的理论知识，包括对课程标准的理解，对某些教学热点话题的认知，例如"大观念""教学评一体化""主题化教学""问题链"等。对教师来说，理论知识会体现为相对结构化的课堂观察框架或者说是一种课堂观察的概念模式，只有具有良好的理论素养才能形成相对结构化的课堂观察框架。

理论素养是问题定向和方案设计的必备条件，学校通过开设"一个充电驿站"工程提升教师的理论素养。学校通过"请进来、走出去"的方式让教师持续充电。学校邀请省市教科研专家来校开展讲座、指导，组织教师外出参观或者在线学习，以拓宽教师的视野、思路，积极组织教师参加各级别课题观摩学习、科研业务培训等，以提高教师的理论素养。

（2）以解决问题为目的

问题定向能力指教师能够从课堂教学实践活动中，发现可以借助课堂观察手段进行研究的问题的能力，这是课堂观察有效开展的前提。方案设计能力指教师根据研究问题，通过查阅文献制订研究方案的能力，核心是观察量表的设计和解释。教研组在课堂观察前要确定观察目的，明确研讨课要解决的问题（问题定向），以问题为导向设计课堂观察量表进行观课议课。

为了提升教师的问题定向能力和方案设计能力，学校创建了"一个研究高地"，教师紧紧围绕"圆满教育、整合课程、主题教学、圆通课堂"十六字方针，立足课堂，细化研究内容，个人确立研究方向，制订小课题研究主题，以课题研究提升教师能力。

学校语文学科以"朗读指导的策略""教师追问的策略"，数学学科以"关键问题的设计"，英语学科以"教学评一体化的策略"等为目的进行课堂观察，总结提炼解决方案。例如英语学科明确了"教学评一体化"的观察点，通过查阅大量文献设计了课堂观察量表，再经过一段时间的课堂观察，总结出"教学评一体化的策略"，包括教师要培养课程思维，逆向设计评价任务，重视评价任务的执行方式，及时反馈与调整等主要内容。

（3）以规范程序为保障

课堂观察是一种工作流程，学校经过课堂观察的实践，总结出符合本校实际情况的操作程序（如图8-9）。课前根据观察目的查阅相关文献，合理设计观察量表，明确课堂观察时的各项分工；课中依照事先的方案设计及所选择的记录方式，对所需的信息进行记录；课后教研组基于各自的观察点集中评课，阶段结束后总结提炼策略。

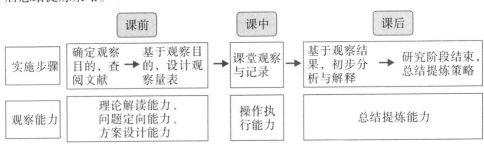

图8-9 课堂观察的操作程序

学校通过规范的操作程序和反复的观察实践活动培养教师的操作执行能力。教师轮流进行方案设计，但是观察点在阶段总结前保持不变，这样教师既能熟悉课堂观察课前、课中、课后的全过程，又能在每一次课堂观察的实践过程中熟悉具体的记录与分析方法。课堂观察的操作执行是一种团队协作，学校充分发挥教研组的力量，先学带动后学，形成互相探讨的教研氛围。

（4）以解决方案为表达

课堂观察的起点和归宿都指向学生课堂学习的改善，因此课堂观察实施到一定的阶段，教师要结合理论和数据分析总结和提炼形成解决方案。教师将生成的解决方案在校内分享，学校鼓励教师结合自身的小课题研究提炼成论文，争取发表以扩大研究的意义。

一线教师的论文主要包括案例分析类、教学设计类、策略总结类、教学模式类。教师先确定论文的类型，再找核心期刊发表的同类型的文章，借鉴文章的写作框架，再将自身的研究成果提炼成论文去投稿。例如学校教师围绕"板书设计"这个观察点，经过一年的课堂观察和课堂教学实践，总结提炼出适合七种不同类型文本的可视化工具，此项研究的论文发表于核心期刊并被"中国人民大学复印报刊资料（库）"全文转载。文章的发表能让更多教师了解研究成果，将成果的辐射范围扩大，同时实现教师自身的专业发展。

要提升教师的课堂观察能力，学校要重视教师的理论素养，发挥教研组骨干的带头作用，运用课题研究的方式进行问题定向、方案设计和操作执行，最后一定要注重教研成果的输出，用输出倒逼输入。要注意课堂观察是一种工作流程，因此一定要按照课前、课中、课后不同阶段相应的步骤开展。

三、圆通课堂评价体系

坑口小学基于"圆满教育"的价值追求制订了圆通课堂教学模式：任务驱动（思维启发）→自主研讨（思维碰撞）→问题解决（思维应用）→检验反馈（思维提升）。

圆通课堂教学模式构建的同时，必须有一套与之适应的圆通课堂评价体系。基于此，坑口小学确立课堂观察核心，研制课堂观察工具，开发课堂观察平台，并通过基于常态课例观察、校本研修促进教师的观课议课各项能力的提升。

1. 圆通课堂"好课"标准与维度

（1）学科与学科核心素养

义务教育学科课堂好与不好，重点在学科核心素养是否达成。义务教育阶段语文、数学、英语等主要学科的学科素养如下。

语文的4个核心素养：文化自信、语言运用、思维能力、审美创造。

数学的3个核心素养：会用数学的眼光观察现实世界、会用数学的思维思考现实世界、会用数学的语言表达现实世界。

英语的4个核心素养：语言能力、文化意识、思维品质、学习能力。

艺术的4个核心素养：审美感知、艺术表现、创意实践、文化理解。

体育与健康的3个核心素养：运动能力、健康行为、体育品德。

信息科技的4个核心素养：信息意识、计算思维、数字化学习与创新、信息社会责任。

（2）圆通课堂"好课"的标准与维度

圆通课堂的评价指向正如《论语·第七章·述而篇》所言的"不愤不启，不悱不发。举一隅不以三隅反，则不复也"，其核心依据是问题解决能力。虽然目前尚未形成完整的理论体系，但圆通课堂的评价一定要从"评价老师"转向"评价学生"，从评"如何教"转向评"如何学"。

①圆通课堂"好课"八大基本标准：学生爱思考，有问题；学生在思考，有方法；学生会思考，有探究；学生敢思考，有质疑；学生能思考，有交流；学习内容有价值（有启发意义，有主干、重难点等）；学习"背后的知识"（知其所以然，收获悟后的知识）；学习有逻辑的知识（知识逻辑变成学习逻辑）。

②圆通课堂"好课"八个维度：教师能否激发学生思考的兴趣、维持学生思考的动力；学生的参与度、投入情况，学生的交流与表达情况；学生思维的碰撞、升华；教师对教学内容的选择是否有价值、深度、梯度；教师为达成目标是否采取了恰当的策略方法；教师能否及时处理课堂上新生成的问题、解决学生之间或师生之间的分歧；教师或学生的课堂小结能否做到目标清晰、条理清楚、简明扼要；学生的训练结果或学习目标的达成度。

2. 圆通课堂教学评价核心

有了规范的模式，教师对于课堂新样态的理解有了新一层的认知。但教师在观察时易局限于某一要点或追求面面俱到。课堂评价从测量的标准和方法到评价者所持有的态度，特别是最终的评价结果，都应该符合客观实际，不能主观臆断或掺入个人情感。

培养学科思维是圆通课堂教学的核心价值之一。学科思维就是基于对学科本质的认识，在学科学习中以及运用学科知识解决问题的过程中，被反复运用的那些具有普遍指导意义的观念、思维和意识。学科思维训练的目的在于：促进学生逐步形成比较复杂而完善的思维结构，掌握科学的思维方法，熟练地运用各种思维形式，借助已经掌握的知识解决未知问题甚至是进行知识创新。

圆通课堂的目标就是聚焦于培养学生课堂学习的关键能力——思维能力，促进学生的思维能力由低阶的记忆、领会、运用到高阶的分析、评价和创造的发展。根据布鲁姆认知领域教学目标分类，我们制订了圆通课堂学生思维发展评价模型，如图8-10。

图8-10 圆通课堂学生思维发展评价模型

圆通课堂学生思维发展评价模型包括布鲁姆认知领域教学目标六个层次的六种思维状态,即想思考、在思考、能思考、会思考、敢思考、善思考,以及六种思维能力,即会识别、会提问、会迁移、会探究、会质疑、会贯通(如表8-1)。

表8-1 坑口小学圆通课堂学生思维能力达成目标评价要素

教学模式	达成类别	思维状态	思维能力
思维启发	知道	想思考	会识别
	领会	在思考	会提问
思维碰撞	运用	能思考	会迁移
	分析	会思考	会探究
思维应用	评价	敢思考	会质疑
思维提升	创造	善思考	会贯通

3. 逆向研发圆通课堂评价工具

教师参与观课议课,要为其建立一种规范的标准,方便教师使用观察工具来判断观摩的课堂是否符合圆通课堂标准。这就需要开发专门的圆通课堂评价工具。

传统的观课议课,即使有课堂观察量表,也更多地是从观课者的个体情感和经验出发进行评议,不能客观、科学、及时、可视化地反映课堂上师生的表现。我们面对这一困局时,想到了利用信息技术和数据化的理念去提升教师的专业水平,推动信息技术与教育教学的深度融合。

(1)LICC视点结构教学数据化课堂观测平台

根据课堂评价模型,我们参照华东师范大学崔允漷教授课堂观察LICC范式[1]，利用LICC范式课堂观察量表，并基于网络和数据，制订出4个维度20个视角N个常用的观察点的课堂观察框架（如表8-2），研发了坑口小学LICC视点结构教学数据化课堂观测平台。

表8-2 LICC课堂观察框架

要素	视觉	观察点举例
学生学习（L）	1. 准备；2. 倾听；3. 互动；4. 自主；5. 达成	以"达成"视角为例，有3个观察点： ·学生清楚这节课的学习目标吗？ ·预设的目标达成有什么证据（观点/作业/表情/板演/演示）？有多少人达成？ ·这堂课达成了什么目标？效果如何？
教师教学（I）	1. 环节；2. 呈示；3. 对话；4. 指导；5. 机智	以"环节"视角为例，有3个观察点： ·由哪些环节构成？是否围绕教学目标展开？ ·这些环节是否面向全体学生？ ·不同环节/行为/内容的时间是怎么分配的？
课程性质（C）	1. 目标；2. 内容；3. 实施；4. 评价；5. 资源	以"内容"视角为例，有4个观察点： ·教材是如何处理的（增/删/合/立/换）？是否合理？ ·课堂中生成了哪些内容？怎样处理？ ·是否凸显了本学科的特点、思想、核心技术及逻辑关系？ ·容量是否适合该班学生？如何满足不同学生的需求？
课堂文化（C）	1. 思考；2. 民主；3. 创新；4. 关爱；5. 特质	以"民主"视角为例，有3个观察点： ·课堂话语（数量/时间/对象/措辞/插话）是怎么样的？ ·学生参与课堂教学活动的人数、时间怎么样？课堂气氛怎么样？ ·师生行为（情境设置/叫答机会/座位安排）如何？学生间的关系如何？

课堂观察时，教师利用这个平台对教师教学、学生学习、课程性质、课堂文化四个维度进行观测，收集观测数据。平台自动分析数据形成四个维度的报告，教师通过数据指引，发现学生学习的堵塞点，进行教学纠正，达到学生课堂学习行为高效，学科思维能力得以提高的目标。

（2）圆通课堂"四个维度"观察量表

LICC视点结构教学数据化观测平台收集四个维度的观测数据，形成数据

---

[1] 吴江林，林荣凑，俞小平.课堂观察LICC模式[M].上海：华东师范大学出版社.2013.

池，通过后台已搭建的分析方式，运用分类、关联规则、变化与偏差分析、可视化技术从这些繁杂的数据中分析出目标数据群，筛选出有利于教学决策的有效信息，形成四个维度的数据化教学行为报告，从而通过数据指引，发现教师教学行为的问题，学生学习行为的不足。

平台对四个维度的评价设计了专用标准。如以下系列观察量表。

①课程性质维度评价。

从目标、内容、实施、评价、资源五个视角设置观察点进行观察。如表8-3。

表8-3 坑口小学圆通课堂观察记录表单（课程性质维度观察点要素）

视角	观察点	结果统计	评价反思
目标	1. 预设的学生学习目标是什么？学生学习目标的表达是否规范和清晰？		
	2. 目标是根据什么（课程标准、学生、教材）预设的？是否适合该班学生？		
	3. 在课堂中是否生成了新的学习目标？是否合理？		
内容	1. 教材是如何处理的（增/删/合/立/换）？是否合理？		
	2. 课堂中生成了哪些内容？怎样处理？		
	3. 是否凸显了学科的特点、思想、核心技能以及逻辑关系？		
	4. 容量是否适合该班学生？如何满足不同学生的需求？		
实施	1. 预设的教学方法（讲授/讨论/活动/探究/互动）有哪些？与学习目标的匹配度如何？		
	2. 创设了什么样的情境？是否有效？		
评价	1. 检测学习目标所采用的主要评价方式是什么？是否有效？		
	2. 是否关注在教学过程中获取相关的评价信息（回答、作业、表情）？		
	3. 如何利用所获得的评价信息（解释、反馈、改进建议）？		
资源	1. 预设了哪些资源（师生、文本、实物与模型、多媒体）？		
	2. 预设资源的利用是否有助于学习目标的达成？		
	3. 生成了哪些资源（错误、回答、作业、作品）？与学习目标达成的关系怎样？		
	4. 向学生推荐了哪些课外资源？可获取程度如何？		

其中，课堂观察之核心知识记录设计成记录表单，如表8-4。

表8-4　坑口小学圆通课堂观察记录表单（教学内容——核心知识）

学科		年级		上课教师		课题	
观察视角		教什么		观察者		时间	
观察视点				观察记录			
【教学目标】 是否明确、恰当							
【核心知识】 是演绎还是归纳呈现							
【内外联系】 是否建立知识内部横向或纵向联系， 是否与外部生活联系							
【学科特点】 可否体现学科特点与规律							
【详略得当】 是否易懂少讲、易混细讲							
【教学资源】 是否合理使用教材和校内外教学资源							
【学法指导】 思维方法指导是否科学							
观察结果							
教学改进建议							

②教师教学维度评价。

从教师教学的维度评价，以"教得如何"为观察视角，设计课堂观察记录表单。如表8-5。

表8-5 坑口小学圆通课堂观察记录表单（教师教学维度观察点要素）

学科		年级		上课教师		课名	
观察视角		教得如何	观察者		时间		
观察视点			观察记录				
【先学后教】 能否通过预学暴露问题							
【以学定教】 能否针对问题有效教学							
【课堂提问】 启发式提问次数与无效提问次数							
【示范操作】 是否有高水平示范行为							
【变式训练】 能否分层设计变式训练题							
【当堂检测】 能否当堂检测学习效果，及时反馈							
【平衡教学】 能否结合探究式教学与有意义接受式教学							
观察结果							
改进建议							

③学生学习维度评价。

学生学习维度是圆通课堂评价的最主要因素。从思考、倾听、互动、自主、达成、环节、呈现、对话、指导、机制等视角来设置观察点。如表8-6。

表8-6　坑口小学圆通课堂观察记录表单（学生学习维度观察点要素）

视角	观察点	结果统计	评价反思
思考	1. 学生课前准备了什么？是怎样准备的？		
	2. 准备得怎么样？有多少学生做了准备？		
	3. 学优生、学困生的准备习惯怎么样？		
倾听	1. 有多少学生能倾听老师的讲课？对哪些问题感兴趣？		
	2. 有多少学生能倾听同学的发言？对哪些问题感兴趣？		
	3. 倾听时，学生有哪些辅助行为（记笔记、查阅、回应）？有多少人有辅助行为？		
互动	1. 师生有哪些互动行为？学生的互动能为目标达成提供帮助吗？		
	2. 参与提问、回答的人数、时间、对象、过程、质量如何？		
	3. 参与小组讨论的人数、时间、对象、过程、质量如何？		
	4. 参与课堂活动（个人、小组）的人数、时间、对象、过程、质量如何？		
自主	1. 学生可以自主学习的时间有多少？有多少人参与？学困生的参与情况怎样？		
	2. 学生自主学习形式（探究、记笔记、阅读、思考）有哪些？各有多少人？		
	3. 课堂设计是否有特色（环节安排、教材处理、导入、学习指导、对话）？		
	4. 学生的自主学习有序吗？学生有无自主探究活动？学优生、学困生情况怎样？		
	5. 学生自主学习的质量如何？		
达成	1. 学生清楚这节课的学习目标吗？		
	2. 预设的目标达成有什么证据（观点、作业、测验、成果展示）？有多少人达成？		
	3. 这堂课生成了什么目标？效果如何？		
环节	1. 本节课由哪些环节构成？是否围绕教学目标展开？		
	2. 这些环节是否面向全体学生？		
	3. 不同环节、行为、内容的时间是怎么分配的？		

（续表）

视角	观察点	结果统计	评价反思
呈现	1. 怎样讲解？讲解是否有效（清晰、结构、契合主题、简洁、语速、音量、节奏）？		
	2. 板书怎样呈现的？是否为学生学习提供了帮助？		
	3. 媒体怎样呈现的？是否适当？是否有效？		
	4. 教师在课堂中的行为和动作（如走动、指导等）是怎样呈现的？是否规范？是否有利于教学？		
对话	1. 提问的学生分布、次数、知识的认知难度、候答时间怎样？是否有效？		
	2. 教师的回答方式和内容如何？是否有效？		
	3. 对话围绕哪些话题？话题与学习目标的关系如何？		
指导	1. 怎样指导学生自主学习（阅读、作业）？是否有效？		
	2. 怎样指导学生合作学习（讨论、活动、作业）？是否有效？		
	3. 怎样指导学生探究学习（教师命制探究题目、指导学生围绕学习内容自命题目并自主探究）？是否有效？		
机制	1. 教学设计与预设的有哪些调整？为什么？效果怎么样？		
	2. 如何处理来自学生或情景的突发事件？效果怎么样？		
	3. 呈现了哪些非言语行为（表情、移动、体态语）？效果怎么样？		
	4. 有哪些具有特色的课堂行为（语言、教态、学识、技能、思想）？		

对于学生学习之"学得精彩"，从"怎么学"的视角设计课堂观察表单，如表8-7。

表8-7 坑口小学圆通课堂观察记录表单（怎么学）

学科	语文	年级		教师		课名	
观察视角		怎么学	观察者		时间		
观察视点				观察记录			
【预习生成】 学生预习与思考练习，并发现学生问题							
【学思结合】 学生思考学习内容，并主动发现、提出问题							

（续表）

观察视点	观察记录
【合作学习】 形式、次数是否有效，分工与汇报交流、点拨指导是否合理	
【聆听心声】 聆听学生意见与积极回应	
【活动作业】 学生活动、作业时间、效果、交流与指导	
【概括思维】 用思维导图等思维工具抓要领、做小结等	
【思维发展】 生活化迁移、思维能力提升（了解、理解、运用、分析、比较与创造）	
观察结论	
改进建议	

表8-8　坑口小学圆通课堂观察记录表单（学得如何）

学科		年级		教师		课名	
观察视角	学得如何		观察者		时间		
观察视点			观察记录				
【目标达成】 当堂检测预期教学目标是否达成							

（续表）

观察视点	观察记录
【各有所得】 不同水平学生是否学有所得	
【个性需要】 是否能满足学生个性需要	
【时间空间】 是否给学生创设必要的时空 进行独立思考与实践	
【问题解决】 疑难问题是否解决	
【作业完成】 分层作业完成程度	
【思维发展】 同一问题不同创见；思维能 力可否发展（了解、理解、 运用、分析、综合、创造）	
观察结论	
改进建议	

④课堂文化维度评价。

从思考、民主、创新、关爱、特质五个观察视角设计了课堂观察记录表单（精彩课堂之文化精彩）。如表8-9。

表8-9 坑口小学圆通课堂观察记录表单（精彩课堂之文化精彩）

学科		年级		上课教师		课题	
观察视角		课堂文化		观察者		时间	
观察视点				观察记录			
【思考】 1. 学习目标是否关注高级认知技能 2. 教学是否由问题驱动，问题链与学生认知水平、知识结构的关系如何							
【创新】 1. 教学设计、情境创设与资源利用的新意 2. 课堂气氛是否有助于学生表达自己的创新性思维							
【关爱】 1. 学习目标是否面向全体学生 2. 特殊（学习困难、疾病）学生的学习是否得到关注 3. 课堂话语（数量、时间、对象、措辞、插话）行为（叫答机会、座位安排）如何							
【特质】 1. 该课体现了教师哪些优势（语言风格、行为特点、思维品质） 2. 课堂设计是否有特色（环节安排、教材处理、导入、教学策略、学习指导、对话）							
观察结果							
教学改进建议							

思考、民主、创新、关爱、特质这五个观察视角的观察点要素如表8-10。

表8-10　坑口小学圆通课堂观察记录表单（课堂文化维度观察点要素）

视角	观察点	结果统计	评价反思
思考	1. 学习目标是否关注高级认知技能（解释、解决、迁移、综合、评价）？		
	2. 教学是否由问题驱动？问题链与学生认知水平、知识结构的关系如何？		
	3. 怎样指导学生开展独立思考？怎样对待或处理学生思考中的错误？		
	4. 学生思考的人数、时间、水平怎样？课堂气氛怎样？		
民主	1. 课堂话语（数量/时间/对象/措辞/插话）是怎么样的？		
	2. 学生参与课堂教学活动的人数、时间怎么样？课堂气氛怎么样？		
	3. 师生行为（情境创设/叫答机会/座位安排）如何？学生间关系如何？		
创新	1. 教学设计、情境创设与资源利用有何新意？		
	2. 教学设计、课堂气氛是否有助于学生表达自己的创新性思维？如何处理？		
	3. 课堂生成了哪些目标、资源？教师是如何处理的？		
关爱	1. 学习目标是否面向全体学生？是否关注不同学生的需求？		
	2. 特殊（学习困难、疾病）学生的学习是否得到关注？座位安排是否得当？		
	3. 课堂话语（数量、时间、对象、措辞、插话）行为（叫答机会、座位安排）如何？		
特质	1. 该课体现了教师哪些优势（语言风格、行为特点、思维品质）？		
	2. 课堂设计是否有特色（环节安排、教材处理、导入、教学策略、学习指导、对话）？		
	3. 学生对该教师教学特色的评价如何？		

（3）坑口小学LICC视点结构课堂教学评价大数据量表

以教师教学、学生学习、课程性质、课程文化四个维度课堂观察量表为依据，形成坑口小学LICC视点结构课堂教学评价大数据量表，如表8-11。

表8-11　坑口小学LICC视点结构课堂教学评价大数据量表

教学模式	观察要素				
	教师教学	学生学习	课程性质	课程文化	备注
思维启发	1. 2. 3.	1. 2. 3.	1. 2. 3.	1. 2. 3.	
思维碰撞	1. 2. 3.	1. 2. 3.	1. 2. 3.	1. 2. 3.	
思维应用	1. 2. 3.	1. 2. 3.	1. 2. 3.	1. 2. 3.	
思维提升	1. 2. 3.	1. 2. 3.	1. 2. 3.	1. 2. 3.	
思维	1. 2. 3.	1. 2. 3.	1. 2. 3.	1. 2. 3.	

在各类观察量表的基础上，我们设计了圆通课堂教学评价标准表（总表，见表8-12）和各学科评价表，对常态课堂进行深度、精准观察。

表8-12　坑口小学圆通课堂教学评价标准表（总表）

评价项目	评价指标	评价要点	权重	得分
教学目标	指向性	培养学生记忆、领会、运用、分析、评价和创造思维能力（3分）	10	
	明确性	清楚具体，操作性强（3分）		
	达成性	平衡思维能力与知识学习的关系；全体学生都能主动地参与活动，敢于质疑问难，潜能得到开发，个性得到张扬，不同层面的学生都有所收获和发展（4分）		

（续表）

评价项目	评价指标		评价要点	权重	得分
教学任务	正确性		教学内容正确，无知识性、科学性错误，坚持科学性与思想性相统一，注重把握教学内容在整体知识结构中的地位及前后联系；根据课程标准和教材理解安排教学内容，重点、难点突出（5分）	20	
	生活性		贴近学生真实的生活，符合学生年龄特征，符合学校、社区实际情况，具有探究价值（5分）		
	整合性		整合各个领域以及各个学科的知识与内容，形式多样（5分）		
	延展性		学习任务延伸到课堂之外、学科之外、学习之外等（5分）		
教学过程	教	完整性	教学模式完整，流程紧凑流畅（6分）	30	
		反馈性	对学生思维表现及时积极、多样评价；有"即时反思性行为"；邀请学生对自己及他人的学习做出评价；结课时对本堂课做思维方面的小结（6分）		
		激励性	教师的语言生动幽默富有感染力，有启发性和激励性（6分）		
		技术性	合理利用思维导图、概念图以及现代信息技术提高课堂效率（6分）		
		互动性	创设出了激发思维发展的课堂情境；课堂气氛宽松适度，有利于师生、生生互动互学（6分）		
	学	主动性	有强烈的学习热情和愿望；学习行动迅速；参与学习活动的方式多样，竞争学习（10分）	40	
		互动性	生生、师生互动有序有效有思维的碰撞、升华（10分）		
		生动性	爱思考，有问题；敢思考，有想法；在思考，有方法；会思考，有探究；能思考，有展示（20分）		
总体评价				总分	

4. 规范观课议课操作程序

教师观课议课过程中，课前对课堂教学进行诊断调查，找出问题，定义问题而作出事实和价值判断；课中观课时老师选择一个关注角度，如学生听课状态、学生的读书状态、学生回答问题的状态、老师提问的次数和问题的质量等，利用课堂观察量表等工具进行课堂观察；课后议课时根据自己关注的角度，共同反思并提出解决问题的策略。再通过"同课异构"进行第二轮的课堂观察，再共同反思。这样教师们的课堂观察才会越来越专业。

（1）课前准备

课前，上课者说课，科组老师共同设计、制作观察量表，分配观察点。圆通课堂的观察有独特的观察量表和评价表，没有做观察前准备的教师进入课堂观察，无法按要求完成相应观察任务，难以形成有效的观察评价数据。这就要求教师提前了解所观察课堂的师生背景材料、课堂环境、观察工具等，为观察做准备。

（2）课中观察

参与观察的教师按照分配好的观察点，如学生听课状态、学生的读书状态、学生回答问题的状态、老师提问的次数和问题的质量等，对课堂进行观察、记录、分析。

课堂观察的时候，要定量观察和定性观察相结合。以结构化方式收集资料，以数字量化方式呈现资料属于定量观察，以质化的方式收集资料，以非数字量化的形式（比如文字、图像、视频等）呈现资料属于定性观察。

（3）课后议课

课后议课时通过抓取关键证据（事件、特征、数量、时间），分析相关因素、因果链，进而推导课堂教学的指向。如该堂课的有效性（目标达成、行为效度、成功、缺陷），该教师的专业发展（优势与劣势），该课程的发展（改进建议）等。

教师在参与课堂观察时都使用量表、大数据平台等工具，议课时利用第一手数据，通过数据进行反馈、建议、总结，不再泛泛而谈，既有针对性又有说服力。

案例

小学英语课堂中教—学—评一致的问题及对策

在教育评价范式中，评价已经不是教或学"之后"的一个环节，也不是一个人教和另一个人学了之后等待第三者来评的孤立的环节，教学、学习、评价逐渐被看作三位一体的关系，评价与教学、学习紧密地结合在一起，相互制约，相互影响。"4+X"素养课堂关于教学评价的考量指出，教学质量评价务必要聚焦核心素养要素，并且保持教、学、评一致。广州市荔湾区初步进行了课堂教学实践与探索，为了客观地审视区域内"4+X"素养课堂是否实现顶层设计中的"教—学—评"一致，设计了课堂观察量表，试图找出存在的问题并提出相应的对策。

一、课堂观察量表的设计

课程思维需要一致性地思考以下问题：从教师的视角看，"为什么教""教什么""怎样教""教到什么程度"；从学生的视角看，"我要到哪里去""我怎样去""需要什么样的资源""我真的到那里了吗"。从这些问题的顺序和内容可以看出，课程思维需要一致性地思考在目标统领下的教学、学习、评价的问题，其本质要求是"教—学—评"一致，而"教—学—评"一致的核心是评价任务。评价任务指向教学目标，贯穿教学、学习、评价全过程。课堂评价的最终目的在于促进学生学习，不仅仅局限于准确地判断学生的学习程度和现有状态，还要在教学实施的过程中根据学生的呈现结果进行反馈与调整。

基于课程思维的问题和评价的最终目的，将课堂观察量表的观察维度定为：教学目标—评价任务（任务内容、执行方式、呈现方式、评估证据）—反馈—调整。其中教学目标对应"为什么教/学"，针对教学目标设计对应的评价任务，明确评价任务的目标指向，评价任务包括任务内容、执行方式、呈现方式以及评估证据。其中任务内容和执行方式对应"教/学什么"和"怎么样教/学"，而呈现方式和评估证据对应的是"教/学到什么程度"。基于数据评估"教/学到什么程度"之后，教师要进行解释和反馈，并进行下一步决策和调整，这对应的是观察量表中反馈、调整的维度。

课堂观察量表中的评价任务连接了其他三个观察维度，评价任务的指向是教学目标，评价任务呈现的结果是教师反馈与调整的基点。课堂教学中教师活动与学生参与是交互进行的，设计任务内容的主体是教师，执行任务和呈现任务的主体都是学生。评估证据则是学生呈现任务时所观察到的证据，可以是教师和观课

137

者都可以观察到的，如课堂观察量表评估证据中第1—6点，也可以是教师本人通过观察学生、和学生交流得到的数据，如课堂观察量表评估证据中第7、第8点。课堂观察量表的基本维度和每个维度的具体内容如表8-13。

表8-13　课堂观察量表的基本维度

任务	执行方式	呈现方式	评估证据	反馈	调整	目标指向
内容	个人； 对子； 小组； 全班； 组间	无； 个人； 对子； 小组； 全班	1. 回答；2. 陈述；3. 表演；4. 动作演示；5. 投影展示；6. 数据；7. 交流；8. 观察	1.评价； 2.分析； 3.指导	1. 提问方式； 2. 评价任务； 3. 教学目标	教学目标： 1. _____； 2. _____； 3. _____； 4. _____

二、"教—学—评"一致的问题

从教学目标、评价任务、反馈、调整的维度观察课堂，课堂存在的问题主要有：教学目标设定不精准，影响后续任务设计；任务内容未对接教学目标，影响目标落地；执行方式无广度，影响呈现结果；反馈与调整不到位，影响学习结果。

1. 教学目标设定不精准，影响后续任务设计

教学目标是起点，没有精准的教学目标，就无法根据教学子目标有效设计评价任务。从课堂观察中发现，教学子目标在条目的数量、描述的维度和表述的方式三方面存在一定问题。

从条目的数量来看，数量过多，有的教学子目标多达7条甚至10条，一节课40分钟要完成如此多的教学目标不切合教学实际，说明教师没有厘清各子目标之间的关联和层次，没有将目标进行有效整合。

从描述的维度来看，大部分教师使用了英语学科核心素养的四个维度来描述教学目标，即语言能力、文化意识、思维品质、学习能力。但个别老师还停留在三维教学目标，即知识与技能、过程与方法、情感态度与价值观。从这些维度描述目标，各子目标之间没有关联性和层次性，彼此之间是割裂的、断层的，可操作性不强。

从表述的方式来看，存在表述含糊、无法评估的问题。比如"养成正确的世界观""培育跨文化意识"等表述宽泛、不具体。用"了解""感受"这类动词描述的目标不具备可测量性。有些表述将教学目标与执行方式混淆，例如在教科版《英语》（三年级起点）五年级下册Medule 4 Travel的拓展阅读课中设计如

下教学目标："通过小组讨论，学生用英语进行沟通，提高学生合作学习的能力。"此处的合作学习更大程度上是执行方式，而不是本节课的教学目标，若改成"学生以四人小组合作的方式，分享自己的旅游计划"，就能通过学生陈述旅游计划评估教学目标的达成度。

2. 任务内容未对接教学目标，影响目标落地

教学子目标与评价任务应该彼此对接，但是有些课堂的评价任务没有目标指向，或者教学子目标没有对应的任务设计，最终导致任务无效或目标无法落地。

主要原因是教师没有教—学—评一致的课程思维，仍然停留在教学思维，即只有单一或点状的思考，没有一致性地思考在目标统领下的教学、学习、评价的问题。一些教师往往从评价任务的设计出发，没有从教学目标的设定出发，没有回归课程的起点问题"为什么教"，设计任务时没有思考"本节课的教学目标是什么"以及"通过什么评价任务实现哪个子目标"的问题，最终出现目标没有任务对接、任务没有目标指向的错位现象。

3. 执行方式无广度，影响呈现结果

在设计评价任务时，教师关注更多的是任务内容的设计，对于任务的执行方式往往不够重视，而英语作为一门语言，交际的广度直接影响执行任务之后所呈现的结果。

任务的执行方式包括个人、对子、小组、全班，对子还有非固定的对子，小组还有组间合作。大部分教师虽然采用了个人、对子、小组、全班、全班—个人、个人—小组多种执行方式，具备一定的多样性和层次性，但是很少使用非固定的对子和组间合作，导致交际的广度远远不够。其中个人和全班的执行方式，学生和学生之间几乎不需要交流即可完成。对子是既有同伴交流又能高效参与的执行方式，但是对子一旦固化，学生就会倦怠，对子合作会流于形式，且对子的交际范围仅2人。即便有些课堂有小组合作，将交际的范围由2人扩大到4人，但是小组合作的组织不够精细化，导致交际的效度不够。

如果没有设计好执行方式，再好的内容设计也不能够有效实施，生生之间的交际范围小，导致课堂缺少灵气，没有充分调动学生生成资源，影响执行任务所呈现出的结果。

4. 反馈与调整不到位，影响学习结果

课堂评价的最终目的是基于学生的学习程度和现有状态，分析原因、反馈信息并调整提问方式、评价任务、教学目标。反馈、调整不到位则学生无法及时改

进，影响最终的学习结果。

教师课堂评价用语通常局限于诸如"Good""Excellent""Goodjob"等较为贫乏、笼统的、价值判断式的话语，事实是指出学生具体的进步要比价值判断式的反馈更能激励学生。当学生的呈现结果未达到预期时，教师通常直接转移到下一位同学，不能马上根据学生呈现的结果分析判断学生可能存在的困难、调整自己下一步的教学行为。主要原因是教师过分关注教学流程和教学课件。教师的绝大部分精力被以下问题占据："能否按时完成教学任务？""课件接下来是什么内容？""我该怎么过渡？"教师在过分焦虑的情况下很难真正关注学生呈现的结果如何，更别说对学生的呈现结果进行及时反馈并调整教学行为。

教师应当把出错看作教学的重要契机，利用"出错"组织教学，形成扎实的学力。教师不应该受制于课前的教学设计，既要有"设计"，更要有"生成"。

三、"教—学—评"一致的对策

要真正实现"教—学—评"一致的课堂，教师首先要由教学思维进阶到课程思维，以教学目标为起点，指向教学目标逆向设计评价任务，评价任务中教师既要关注内容的设计，更要重视执行方式的设计。只有学生有效执行任务内容，才能有好的呈现结果。基于呈现结果，教师要给予适切的反馈甚至调整教学行为。

1. 立足课程思维，明确教学目标

教师要立足课程思维，一致性地思考在目标统领下的教学、学习、评价问题。目标的统领作用体现在教学目标将一节课的教学、学习、评价凝练成了几句话，说明"教/学什么""怎么教/学""教/学到什么程度"这些根本问题。教师拟定教学目标时要基于学生情况和课程标准，运用"通过……，学生学会……"的句式表明在什么样的学习情景下运用什么样的学习工具、方法实现什么样的学习效果，厘清"以什么教学内容作为载体让学生学会什么"的设计思路。

教学目标的子目标不凝练、条目数量多会导致教师思路不清晰。子目标最好控制在3~4条，在子目标的统领下，教师设计多个评价任务实现一个子目标，体现出评价任务的关联性和递进性。

从表述方面来看，描述主体应统一为学生，要用可测量的动词描述学习目标，如谈论、复述、表达、比较、评价等。注意目标的描述要具体，不能用范围更广的词替代。例如"通过学习故事，认识到坚持做一件事就是胜利"与"通过学习故事养成正确的价值观"相比，前者是具体的描述，后者是笼统的描述。

2. 基于教学目标，逆向设计任务

教师应该立足课程思维，以目标为统领，逆向设计评价任务，每一个教学子目标都有评价任务进行对接。逆向设计任务和美国教育家威金斯和麦克泰格提出的逆向教学设计的理念是一致的。课堂教学、单元教学和课程教学在逻辑上应从想要达到的学习结果导出，而不是从教师所擅长的教法、教材和活动中导出。

例如教科版《英语》五年级下册Unit12 I know a shortcut，其中一个子目标是"阅读文本，理解、区分文本中两条不同的路线"。教师基于子目标设计了评价任务"Read and mark"，其中子任务如下：

Step1：Read and underline the two ways in the passage. Mark Plan A and Plan B.

Step2：Read and mark the two pictures in the book，Plan A or Plan B?

Step3：Mark the four steps of plan A in the text and then on the map.

Step4：Mark the five steps of plan B in the text and then on the map.

学生要找到两条路线对应的文字并标注Plan A、Plan B，根据文字内容在对应图片标注Plan A、Plan B，将Plan A的文字分为4步并在图片标注相应步骤，将Plan B的文字分为5步并在图片标注相应步骤。教师将评价任务分成了4个子任务去实现，每一个子任务是下一步的铺垫，彼此紧密相连，并且难度递增。完成4个子任务后，学生的投影展示与书本标记就是评估证据，能证明学生理解、区分两条路线的程度。

3. 组合执行方式，保障呈现结果

教师要有意识地组合执行方式，尤其是组合对子（固定）—对子（非固定），个人—小组（A）—小组（B），个人—小组（专家）—小组（基础）这种交际性强的方式，这能有效增加学生交际的广度，提高任务完成的效度，保障执行任务后所呈现的结果。

对子合作要适当采用不固定的两两搭配，打破固定对子导致的课堂固化。小组合作也要进一步通过小组间传阅作品实现两组交流，或者通过小组（基础）—小组（专家）或者四人小组中一人留、三人走的小组合作形式实现多组交流，让生生之间有更多的碰撞，让课堂流动起来。

对子（固定）的交际范围是2人，对子（不固定）的交际范围一定多于2人，具体取决于学生个体完成任务的效率和教师给予的时间，4人小组的交际范围是4人，小组（A）—小组（B）的交际范围则是8人。拼图阅读充分体现出组合执行方式的价值，以4人小组开展的拼图阅读为例，执行组合是个人—小组（专家）—小组（基础），交际范围达到4×4即16人。

当然并不是说采用组合的方式就更好，个人、对子、全班的执行方式完成效率高、时间短，组合执行方式的优势是交际范围更广，任务执行更充分。选取什么执行方式取决于任务本身，随着评价任务由低阶到高阶发展，越到课堂的后面越需要组合执行方式以帮助学生更好地完成任务。

4. 基于呈现结果，反馈与调整

课堂评价的目的是帮助教师及时向学生反馈信息、调整教学行为。反馈和调整是教师外显的行为，解释是教师内在的心理过程，也是反馈与调整的起点。学生的结果生成是无法全部预设的，学生的呈现结果符合预期，则说明目标达成度高，教师要具体反馈学生哪些地方做得好，不要只是给出"Great"之类的价值判断。当学生出错时，教师应该抓住这个契机，利用出错进行教学，此时的反馈与调整对于教师来说具有挑战性，也就是常说的"教育机智"。

例如英语时态教学中某题本应该用动词第三人称单数形式，学生错用动词ing形式，基于学习结果，教师从时态的逻辑线提问：①这句话的时间标志词是什么？②标志词说明这句话是什么时态？③这个时态的结构是什么？④这句话的主语是什么？该用动词原形还是三单形式？⑤这个动词的第三人称单数形式该怎么变？这些环环相扣的子问题形成了问题链，引导全班学生解析题目。如果学生错用动词原形，教师则可以直接跳到第四个问题，提问问题④、⑤即可。这就是基于学生学习结果进行适切的教学反馈。从课堂观察来看，这种错误较为普遍，教师需要改变课前的设计，调整下一步教学。

只有合理解释学生呈现的结果，才能有效地反馈与调整。教师要将评价任务看作要解决的一个大问题，明晰学生在哪个子问题偏离路线，从这个子问题出发，在全班同学的共同参与下，通过导问的方式逐步将学生拉回轨道，实现利用出错教学。

"教—学—评"一致是课程思维的本质要求，也是评价领域范式转型的必然。"4+X"素养课堂离"教—学—评"一致仍存在一定差距，今后要立足于课程思维设定精准、可评估的教学目标，基于教学目标设计对应的评价任务，适当组合执行任务方式，保障呈现的结果，在课堂实施过程中基于呈现出的结果适切地反馈与调整，通过评价促进学习，实现"教—学—评"一体化。

（本文由李小田、刘小洁合作完成）

第四节　自主学习课堂教学新探索

自主学习是以学生作为学习的主体，通过学生独立地分析、探索、实践、质疑、创造等方法来实现学习目标。反思是对自己的思维过程、思维结果进行再认识的检验过程，它是学习中不可缺少的重要环节。当代建构主义学说认为，学习不是被动地接受，不是单纯地复制与同化，它要求学生在活动中进行建构，要求学生对自己的活动过程不断地进行反省、概括和抽象。

一、构建自主学习课堂的对策

1. 教育行政部门层面

《基础教育课程改革纲要（试行）》（以下简称"纲要"）中"课程评价"部分明确提出要继续改革和完善考试制度。在已经普及九年义务教育的地区，实行小学毕业生免试就近升学的办法。鼓励各地中小学自行组织毕业考试。完善初中升高中的考试管理制度，考试内容应加强与社会实际和学生生活经验的联系，重视考查学生分析问题、解决问题的能力，部分学科可实行开卷考试。考试命题要依据课程标准，杜绝设置偏题、怪题的现象。教师应对每位学生的考试情况做出具体的分析指导，不得公布学生考试成绩并按考试成绩排列名次。

教育行政部门要切实落实纲要精神，要让学校、教师大胆放手进行课改，把学习权利、学习时间、学习空间还给学生，一定要制订有效机制，加强对学校课堂教学的巡视督导、业务指导。切实抑制频考文化，对积极大胆开展课堂教学改革的学校（年级）实行免考（抽测），给学校真正课改的空间。

2. 学校层面

（1）学校要树立"以学生发展为本"的教学思想，营造"以学生发展为本"的教学文化

学校管理者应该结合学校自身特点，制订切实可行的、以促进学生发展和教师成长为核心理念的教学评价机制，以学论教，体现以学生的"学"来评价教师的"教"，真正实现学生的主体地位，以学生发展为本。评价方法要多采用和

普及过程性教学评价和质性评价，如开放性访谈、参与型和非参与型观察、档案袋评价法等。生本教育"生本评研"的评价理念和方式——以学养学，以学养考最能体现新课程的要求，学校完全有理由借鉴这种做法。郭思乐教授提出，生本教育不是不要考试，而是在平时的考查中，去掉考试的控制性，保持考试的检查和练习的功能，以良好的素质迎接社会的检查和评价，解决现行教育中素质教育和考试之间的矛盾。评研就是让学生用研究的态度对待考试，把考试作为对知识的再次学习和研究的过程。"评"是评价，"研"是研讨。"评"要评得实在，评得生动，评出孩子的自信。"研"要研得深刻，研得透彻，研出孩子思维的火花。

（2）学校要制订科学可操作的课堂教学评价标准

课堂教学评价是按照一定的课程理念和教学目标对教学过程及其结果进行综合、全面、客观的价值判断过程。课堂教学评价直接影响着教师教学方式的选择和运用，也影响着学生的学习方式。传统的教学评价强调终结性评价、量化评价，无论针对教师的评价还是针对学生的评价都过分关注学生学习成绩而忽略了学生学习方式这一重要环节。在此评价理念和制度的制约下，教师和学生都关注学习成绩的好坏而忽视了学习过程中学生学习方式的多样性、灵活性。学生的学习成了应付考试的工具，妨碍了学生学习方式的转变，阻碍了学生的发展，而新课程倡导发展性评价，关注评价的过程性，注重对学生的质性评价。因此，对学生的评价就不仅限于对学生的学习结果的评价，学生学习的过程，特别是学生学习方式也成为教学评价的重要内容和对象。

（3）学校要坚持不懈地开展自主合作探究学习课堂的教学实验

课堂教学改革的动力源自学校，要使教师建构自主合作探究学习课堂，学校要基于教师的课例大力开展校本研修，同时借助外来智慧，推动学校自主合作探究学习课堂的生成。学校校长要腾出大量的时间"泡"在课堂里，"浸"在科组中，和老师们一起合作探究。

3. 教师层面

教育要改革，首先需要改革的是学校，学校要改革，首先要改变的是教师，而教师的专业素质高低直接影响着学生的发展。教育要改革，教师观念和教育行为首先必须转变，只有教师观念和教育行为发生了转变，学生的学习方式和学习行为才会发生改变。

（1）要用生本教育理念武装头脑[1]

教师的学生观。人的起点非零，人拥有其自身发展的全部潜能，具有与生俱来的语言的、思维的、学习的、创造的本能。儿童是天生的学习者，潜能无限，是教育教学中最重要的学习资源。学生的本能力量的调动，可以促进形成教育的新的动力方式和动力机制。

教师的教师观。教师应是生命的向导，而不是拉动学生的"纤夫"。教师在教学中要尽可能"不见自我"，要把教学内容从一大堆知识点转变为知识的"灵魂和线索"，来创造最大的空间，迎接学生积极飞扬的学习。

教师的教学观。教学就是学生在老师的组织引导下的自主学习。生本的课堂区别于"考本""本本""师本"的课堂，区别于短期行为的、分数的课堂，是人的发展的课堂。在教学组织上，生本教育鼓励先学，以学定教，少教多学，直至不教而教，鼓励采用个人、小组和班级等多种方式的自主学习。

教师的评价观。生本教育提倡减少或最终取消学习成长期的频繁统一考试，不干扰学生成长期的成长，把考试评价的主动权还给学生或科任教师，把教学过程中的评价活动改为评研活动，削弱日常评价的比较竞争功能，鼓励"为而不争"。到了学生学习的成熟期，鼓励学生用成长期的生动、活泼、主动、自然、丰富的积累和感悟，取得优异的终端考试成绩。

（2）要努力建构促进学生自主合作探究学习的教学方式

要想有效地促进学生自主合作探究学习，教师的教学方式转变势在必行。教师要从"教学设计""课堂管理""教学方法""教学评价"四个方面建构促进学生自主合作探究学习的教学方式。

教学设计要以促进学生自主合作探究学习为目的。南京师范大学附属小学教师们的"小研究"设计就最大限度地促使学生自学和研究。

课堂管理理念要摒弃教师威权，转变教师角色，引领学习方式的转变。要想改变原有阻碍学生主体性、个性发展的课堂管理方式，首先必须从理念上加以转变，即改变原有强加在学生身上的教师外部权威，转为教师注重提升自身的"德、才、学、识"，以实现自我实现和自我超越，从而获得"内在权威"；其次，教师的角色要从传统的知识传授者转向学生学习的引导者，由"解惑者"转化为"引惑者"。

---

[1] 郭思乐. 望晨光之熹微：生本教育体系实践与思考[M]. 合肥：安徽教育出版社，2008.

教学方法的选择要综合化、多样化，教师在选择和使用教学方法过程中一定要秉持着一种综合的思想。教学方法的选择和使用绝不是单一方法的实施，教师在课堂教学过程中应该结合自身能力水平和学生发展水平，尽量运用多种教学方法，让课堂教学更丰富多彩。

要建立以学生自主合作探究为对象和内容的课堂教学评价。促进学生自主合作探究，学习的评价不仅限于对学生的学习结果的评价，更应该将学生学习的过程，特别是学生的学习方式作为评价的重要内容和对象。

江苏洋思中学"先学后教、当堂训练"，山东杜郎口中学"三三六"自主学习，南京师范大学附属小学以生为本的"爱的课堂"，华南师范大学、广东省教育科学研究所郭思乐教授"生本教育"课堂教学模式，这些为自主合作探究提供了极好的借鉴范例。

二、反思性自主学习课堂教学模式初探

1. 反思性自主学习课堂教学模式建构基础

纲要在论及基础教育课程改革的具体目标时指出："改变课程实施过于强调接受学习、死记硬背、机械的现状，倡导学生主动参与、乐于探究、勤于动手，培养学生搜集和处理信息的能力、获取新知识的能力、分析和解决问题的能力以及交流与合作的能力。"

近年来，学校通过对各学科课型的研究，对学生自主学习进行深入的研究。在教学过程中，教师积极引导学生质疑、调查、探究，促进学生在实践中学习，富有个性地学习。这培养了学生自主学习、自我管理的能力，学生的个性和各方面才能都得到尽可能充分的发展。

《学记》中说："学然后知不足，教然后知困。知不足，然后能自反也；知困，然后能自强也。"可见，让学生学会反思能更好地促进学生主动发展。所以，教师要充分注重培养学生对知识的反思，有意引导学生学会自我反思、自我评价、自我分析。

当代建构主义学说认为，学习不是被动的接受，不是单纯的复制与同化，它要求学生在活动中进行建构，要求学生对自己的活动过程不断地进行反省、概括和抽象。为此，学生能够自主学习还远远不能说是"会"学习。一个会学习的人一定会反省：自己为什么这样学习？学得怎样？这样学习的方法科学有效吗？

为了成为反思性学习实践者，学生得学会对自身学习活动过程及涉及的有关

信息、方法进行评价、调控，获得对认知过程的个人体验和积极主动的学习过程，从而形成良好的反思习惯、优良的反思品质和一定的反思能力。学生如果具有这些反思素养，就会更加主动、自觉地学习，从而更能可持续发展，更能提升自主学习的能力，成为创新型人才。由此，我校（坑口小学）结合课堂教学现状和课题研究基础，通过"反思性自主学习课堂教学模式"的建构，为教师在常态的课堂教学中提供一种支撑和助力，提升教师专业发展水平，提高学生反思素养，促进学生自主发展。

2. 反思性自主学习课堂教学基本模式

前些年我们结合学校的情况，对学生自主学习进行了大量的研究，发展了学生自主学习的能力。近两年，我们选择语文、数学、英语三个学科骨干，从反思性自主学习的技能培养以及对反思性学习方式的实践入手，通过学科教学，结合课堂教学，重点在实践操作层面，对反思性自主学习课堂教学模式做了一个较为系统的实践研究。实践研究针对不同的学科特点，引导学生进行自主学习的同时，培养学生反思性实践的能力。通过理论培训和课堂教学实践，实验老师不断进行总结归纳，形成了学科课堂教学总模式，即"反思性自主学习课堂教学模式"，其基本流程如图8-11。

前馈	中馈	后馈
质疑问惑定目标—合作研究解疑难—分享交流矫成果		
作业生成	作业完成	作业校对

图8-11 反思性自主学习课堂教学模式基本流程

本课堂教学总模式就是各学科（主要是语文、数学、英语三科）按照"质疑问惑定目标—合作研究解疑难—分享交流矫成果"这条主线进行课堂教学。"质疑问惑定目标"指教师课前采用不同的方式引导学生开展预学活动，测查学生差异，共同制订学习目标。"合作研究解疑难"指学生根据研学问题开展尝试性学习，小组共同讨论解决疑难，教师重点指导研学方法。"分享交流矫成果"指学生进行学习结果的展示与汇报，教师适当点拨学习方法，引导学生主动反思学习活动，激发学生探索学习的积极性。

课堂教学在按照这条主线开展的时候，一条"反馈"（前馈、中馈、后馈）的暗线贯穿始终，使教师可以对每一个教学环节进行反思。三个环节的教学目标则以一条明线"作业"的方式来落实，切实做到学生在堂上练习，减轻学生课后课业负担。

3. 反思性自主学习课堂学科变式

反思性自主学习课堂教学模式努力形成相对稳定的结构流程，最大限度地满足不同学生的学习需要。但是，教学有法，但无定法，贵在得法。因此，我们在尊重课程资源的差异性和多样性的基础上，依据反思性自主学习课堂教学模式的流程进行变革，初步构建了不同学科、不同课型和不同教学内容的教学模式变式，并运用于课堂教学，在实践中进一步提炼和完善各学科的变式样式。

（1）语文学科

对于小学语文学科，我们建立了"语文阅读课教学反思性自主学习课堂教学模式""习作指导课教学反思性自主学习课堂教学模式""习作讲评课教学反思性自主学习课堂教学模式"。流程如下。

语文阅读课教学反思性自主学习课堂教学模式：整体感知，质疑定目标—合作探究，释疑解惑—交流反馈，反思内化。

习作指导课教学反思性自主学习课堂教学模式：反思生活，自主选材—交流素材，提炼方法—个体表达，评价分享。

习作讲评课教学反思性自主学习课堂教学模式：赏析评价，表达探究—明确任务，合作修改—自主反思，方法提升。

（2）英语学科

英语学科根据新教材要求，引导学生对单元语言知识进行积累与反思，引导学生对单元话题学习中的情感和态度进行反思，引导学生对学习过程进行反思，引导学生对学习方法和策略进行反思，基本涵盖了课程标准的五大目标：语言知识、语言技能、情感态度、学习策略和文化意识。针对各单元设计反思性任务，如问题式、日志式、问卷式、讨论式任务，设计个体和群体反思活动。鉴于上述思考和实践，英语学科建构了以单一话题及相关语言技能训练为主的教学模式，即细化目标，问题导向—目标驱动，方法探究—操练巩固，探索规律。

（3）数学学科

数学学科通过创设紧紧围绕学生所探究知识的问题情境入手，以问题为导向，确立学习目标。提出问题是教学模式的第一要素，也是探究活动的起点，学生有了问题，才会努力去寻找答案、解决问题。解决问题的过程是一个动态的过程，小学数学课堂上的探究方式是合作交流，即在学生个体独立探究的基础上，让学生在小组内充分展示自己的思维以及思考过程，相互讨论分析，揭示知识规律和解决问题的方法、途径。当学生遇到疑难问题，合作交流可利用学生集思广益、思维互补的特点，使探究更加深入，获得的结论更趋准确。数学学科建构了基于问题的课堂教学模式，即创设情境，质困引思—合作探究，解惑促思—有效评价，及时反思。

4. 课堂教学中培养反思性自主学习能力的策略

各学科通过建构上述教学模式，并在课堂教学过程中实施多种策略，培养学生反思性自主学习能力。

（1）重视学生反思性学习兴趣和情感的培养

教师在课堂中营造氛围，设立环节，让学生发现自身学习的不合理之处，敢于直面问题和缺陷。教师引导和激发学生主动反思并分享学习过程中的喜悦与成功、不足和问题，让学生学习更具持久力，发挥更高的学习效能。

（2）明确反思性学习实践的反思对象

学生学会制订学习目标、计划、任务，安排学习时间，监控好自身学习过程及学习结果，即确定要解决的问题—分析问题的目标和要求—检索相关知识，确定解决问题的方法—依据相关知识，选择方法，实施计划—得出结论。老师则要针对不同的学生、不同的学习内容、不同的学习情境，给学生以清晰的反思指向、特定的反思策略，以帮助学生在实践中学会反思。同时，老师也要反思自己的教学方式，关注教学策略的使用对学习结果的作用，为后续教学提供依据和有效补救。

（3）注重自主反思与合作反思相结合

反思性学习需要对自身学习进行自主性的反思，独立思考，自我规划、自我监控、自我调整、自我剖析。同时，反思性学习也离不开合作。无论是老师之间还是学生之间，要根据知识结构、智慧水平、学习思维方式等方面不同，引导学生凝神聚力，专注于自身学习情况、效果反思。通过合作交流，相互启发、相互补充，使反思性思维碰撞，才能产生解决问题的新方法，让学生学到不同的解决问题方式，拓宽解决问题的途径，逐步提升解决问题的能力。"它山之石，可以攻玉"，于学生或是老师，都能极大地丰富自身经验，改进方法，优化过程，从而将反思性学习的效果最大化。

（4）注意创设反思性的学习情境

学习者能根据个人及情境的变化，调整自己的学习策略。教师要创设平等、民主的学习氛围助学生反思、体验学习活动。教师创设丰富多彩的教学情境来促进学生的批判性思维，让学生体验到反思性学习的愉悦与成功。教师提供图书、资料等，尤其引导学生学会借助网络提供的海量信息进行反思性学习。营造榜样示范等良好的反思学习社会条件，能让学生获得更生动的发展。

通过反思性自主学习课堂教学模式的教学试验，课堂上，学生积极参与学习过程，自主学习、自得自悟，思维异常活跃；课外，学生主动探索、动手实践，学习能力有了明显的提高，个性特长得到发挥。在教学实践中，我们也存在很多困惑，如学生是具有独立思考能力的人，教师不能代替学生进行选择，教学中怎样给学生提供尽可能多的方法，让学生看到自身问题所在；如引导学生反思，怎样为改进后续的学习提供依据；如教师如何帮助学生摆脱依赖，从每节课的自我评价与反思，发展到不同阶段的整体反思，仍有待我们继续深入研究。

总之，基于反思性自主学习课堂教学模式培养学生反思性自主学习能力，要靠教师的正确引导，让学生逐步形成一种反思的意识和习惯，并在学习中自觉地、积极地进行反思，从而为学生的学习注入活力，让学生领悟学习方法，优化认知结构，发展思维能力，提高学习效率，以实现真正意义上的"反思性自主学习"，达到"学会学习"的目的。

教学课例

熟读成诵，感悟情理
——《学弈》教学课例

人教版小学《语文》第十一册第八组课文编入两篇文言文——《学弈》和《两小儿辩日》。其中《学弈》选自《孟子》的《告子篇》，是古代著名学者孟子设喻劝学的精彩文段。全文虽仅五句话，前三句"弈秋，通国之善弈者也。使弈秋诲二人弈，其一人专心致志，惟弈秋之为听；一人虽听之，一心以为鸿鹄将至，思援弓缴射之。虽与之俱学，弗若之矣"叙述事实，后两句"为是其智弗若与？曰：非然也"设问议论。但文章语气起承转合，富有变化，饱含情感，深藏道理。

学生第一次学习文言文，必然有一定难度。为此，我们必须从小学生的实际情况出发，采取"以读为本，重在感悟积累"的策略，让学生"书读百遍而其义自见"，使学生通过反复读书感知文言文语言的精炼、言简意赅的表达特点，并领悟课文所揭示的道理。

一、谈话，激发兴趣

兴趣是最好的老师。教学伊始，教师应从弘扬我国古代灿烂文化，全面提高学生语言素养的角度，简要介绍文言文的特点、历史地位和学习它的重要性，以深浓的情感、生动的语言激发学生学习文言文的兴趣。

二、初读，整体感知

初读，不求字字落实、句句确切，只求正确通读课文，读得通顺，读得流利，不读错字，采用正确的格调断句，保持连贯的语气。读通句子的前提是基本理解词语的含义及相互联系，涉及古代汉语的相关知识。对初学古文的小学生来说，读通句子不是件容易的事情，这就要求教师首先很好地范读，示范句子的停顿和语气，然后让学生自由练习模仿，把每句话读通、读顺，同时要求学生边读边揣摩句子的意思。读了几遍之后，可让学生简单陈述课文大致意思，从整体上感知课文内容。

三、细读，理解文意

细读，是指仔细地对文章一句一句地阅读。学生通过细读，读懂文章的意思，并能用自己的话表达出来，亦即通过细读课文，能把文言文"翻译"成现代文。这是学习文言文的难点。教学时教师可充分发挥文章后面注释的作用（课文后面几乎对每个句子中难以理解的词语都给了通俗易懂的注释）。先让学生对照注释自读自悟——每读一句，看看这句中重点词语或者难以理解的词语的注释，把注释的意思"代入"全句中，揣摩句意。如对照注释还不能解决的问题可小组讨论解决，小组合作还解决不了的问题，可向老师求助。

自读自悟之后，让全班交流、评议。五个句子可分别让五个学生表达他们的理解，其他同学也可畅所欲言，发表自己独到的见解，对句子的理解不要局限于"直译"层面上，要充分发挥学生的个性和创造性，鼓励他们发表与众不同的见解，要充分体现理解的多元性。每个句子的意思读懂之后，进一步引导学生用自己的话复述整篇课文的意思。

四、诵读，感悟情理

熟读成诵，是学习文言文的最基本的方法，只有把课文读熟了，达到"诵"的境界，师生才会感到"其辞若出我之口，其情若生我之心"。教师可从文章最后设问句入手，提出问题（也可让学生质疑）：文中两个学生跟弈秋学下棋的效果完全不同，孟子说并不在于学生是否聪明，那么，原因到底在哪里呢？让学生口诵心惟，反复读书，以至于能背诵，边读书边自我感悟体会作者流露在字里行间意味深长的劝学之情，从而与作者"对话交流"，进行"心灵碰撞"。

熟读成诵，也是学习文言文的目的。在学生感悟到作者意味深长的劝学之情，体验到只有专心致志才能学有所成的道理的基础上，再指导学生进行"美读"亦即有感情朗读课文来进行创造性的表达，把自己的感悟、体验声情并茂、绘声绘色地"读"出来。这样，学生既积累了语言，又加深了体会。譬如第一句指导学生读出陈述肯定的语气，读出弈秋棋艺之善之高；第二句读出对比语调，读出专心致志者和三心二意者的不同神态、不同效果；第三句读出转折、强调的语势；第四、第五句读出设问、论断的意味。"美读"之后让学生同位或小组或找老师背诵，累积语言素材。

五、演练，迁移拓展

学生读通、读懂、读熟了课文之后，教师可设置一个表演练习——扮演孟子意味深长地劝学，让学生把内化积累的语言、体验感悟的情理，以演讲的形式外化成为"脱口秀"。先给学生充裕的时间，小组练讲，然后小组推荐代表上台演讲，其他同学评议，让学生在生动有趣的活动中进行语言知识、情感迁移。

学生学习了《学弈》这篇文言文后，对文言文产生了一定的兴趣，也掌握学习文言文的一般方法。教师可趁热打铁，给出荀子《劝学篇》中一段话（见下段），让学生试着自学，以拓展学生文言文的知识。文段如下。

积土成山，风雨兴焉；积水成渊，蛟龙生焉；积善成德，而神明自得，圣心备焉。故不积跬步，无以至千里；不积小流，无以成江海。骐骥一跃，不能十步；驽马十驾，功在不舍，锲而舍之，朽木不折；锲而不舍，金石可镂。

第九章　圆润教师

导读

走向卓越

　　我曾参加华南师范大学、广州市越秀区教育局联合举办的"走向卓越——面向未来的教师专业发展"高端研讨会。会上，我聆听了苏州市第一中学王开冬副校长的《创造教师的生命传奇》演讲，深有感想。

　　和同龄人一样，王校长在那个年代生活、求学的历程也许并不传奇，但是，王校长从教的经历一定是传奇，特别是王校长追求卓越老师的求索历程更是传奇，是其他校长难以望其项背的传奇！他催人泪下的"丑小鸭式"的奋斗经历，让在场的听众无不动容，甚至潸然泪下！他任教的班级学生不少上了清华、北大等著名大学，他的教育教学成果得到家长、社会的赞许和认可；他笔耕不辍，写下了《深度语文》等十几本关于教育教学经验的著作。

　　王校长估计和我是同龄人，有相似的家庭背景，有相似的生活年代，有相似的求学环境，有相似的考大学经历，也有相似的教学业绩（都曾获得省级语文教学一等奖），现在都任职校长（王校长是中学副校长）。但是，王校长善于寻找自己的镜像，寻找自己的坐标，寻找自己的精神同盟，勤于笔耕，记录生活、工作的印记，然后著书立说，这是我所敬佩的。

　　而我，早在2007年就立誓要出版专著，但是，不好学，懒于动笔，不能持之以恒，以致当年的誓言成为笑柄！为了兑现当年的誓言，我开始梳理自己这些年的办学思考及实践，归纳梳理结集成册，以留作纪念。

　　我和同仁们，都应该有像王校长一样追求卓越的教育情怀。我们应该一步一个脚印，走出属于自己的教育教学之路，留下深深的足迹。

　　我们，要追求卓越！不要停下自己前行的脚步！

　　提升学校的核心竞争力，是一所学校发展的必然选择和校长决策的重要议题。学校核心竞争力的关键是什么呢？是教师！

　　习近平总书记指出："一个人遇到好老师是人生的幸运，一个学校拥有好老师是学校的光荣，一个民族源源不断涌现出一批又一批好老师则是民族的希望。"坑口小学致力打造一支师德高尚、业务精湛、团结和谐的教师队伍，并称之为"圆润教师"。这，就是学校核心竞争力的关键所在。

第一节 圆润教师培养模式："三格"式次第成长

针对成长不同阶段的不同特点，教师大致可以分为新手教师、骨干教师、名优教师。坑口小学特别注重对不同层级教师进行不同模式的培养，提出了独具特色的"三格"式培养模式，成就教师次第成长为"圆润教师"。

1. 教师专业发展阶段

一个优秀教师至少需要两次成长。一个教师要走向成功，仅有第一次成长是不够的，起决定性作用的是第二次成长。

教师专业基本成长来自"胎生"，即从师范院校为主的学校获得。教师专业第一次成长是由新手教师向成熟教师转变的过程。教师参加教育教学工作时即为"新手教师"，可能对教育教学工作不大适应；两三年之后成为"熟练新手教师"，这时已经基本适应教育教学工作；等到三四年时大多成为"胜任型教师"；大约参加工作五年时，教师专业成长可能进入"停滞期"或者进入成长的"高原期"。这时，教师要开始自己的"第二次成长"。如图9-1。[1]

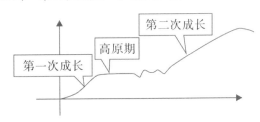

图9-1　教师二次成长曲线图

教师第二次成长的方式和途径，与第一次成长有很大的不同。第一次成长方式主要是模仿；在第二次成长中，主要是教师不断反思自己的教育教学行为及效果，驱动专业蜕变提升。第一次成长主要靠经验的积累；第二次成长主要用"理论"来反思自己的经验。第一次成长主要表现在行为方式的变化；第二次成长更重要的是看问题的立场方法的重大变化。第一次成长很多是自然开始的，第二次

---

[1]张宁玉.高中教师专业"二次成长"调查研究：以郑州市E中学为例[D].郑州：郑州大学，2020：189.

成长则有很多是受到较大挫折后或是在受到外力的强力推动后开始的。第一次成长所依靠的外部支持主要是同伴的示范；第二次成长所依靠的外部支持则主要是专家的指导。

　　教师经历第二次成长之后，有的会成为"业务精干教师"，少部分会成为"专家型教师"。如图9-2。

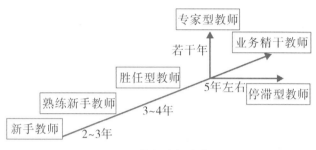

图9-2　教师成长路线图

　　美国维恩曼从关于教师学习的近百项实验中归纳得出不同发展阶段教师课堂关注与学习需求。如表9-1。

表9-1　不同发展阶段教师课堂关注与学习需求

发展阶段	课堂关注点	学习需求
职初教师	自我生存	班级管理的知识，教学基本功
经验教师	教学任务	专业学科知识，一般教学法知识
专业教师	学生发展	学科教学法知识，个人实践智慧

2. "三格"式培养模式

　　依据新教师、骨干教师、名优教师在教育教学中显现的不同特征，我们可以采取不同的培养模式让他们提升业务能力，分别成长为"合格教师""升格教师""风格教师"（合称"三格"教师）。"三格"式培养，成就圆润教师。

　　对新手教师，重在"压担子"，给予新任教师教育教学之"担子"，通过"青蓝结对"师徒帮扶经验移植培养成"合格教师"；对骨干教师，重在"开方子"，开出针对教师成长的个性化"药方"，通过圆通课堂观察、课题研究培养成"升格教师"；对名优教师，重在"搭台子"，给予他们平台，让平台成为教师自己的舞台，通过交流、展示、分享活动培养"风格教师"。

　　"三格"式培养，各有侧重，呈阶梯式上升。如下页图9-3。

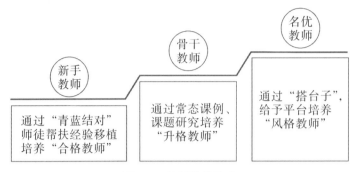

图9-3　教师培养模式

3. "三个一"工程培养方式

从"合格教师"到"升格教师"，再到"风格教师"，我们称之为"三格"教师。我们通过"三个一"工程培养"三格"教师，全力打造富有特色的"圆润教师"。"三个一"工程内容如下。

设建"一个充电驿站"：重在学习成长。提供学习、进修支持，"请进来"借力成长，"走出去"开阔视野、增长见识。

创建"一个研究高地"：重在研究突破。基于课堂，基于问题，有高度、有深度、有力度；开展常态教研和课题研究。

搭建"一个展示舞台"：重在交流提升。举行圆桌论坛（沙龙），邀请专家和教师同台论道，激发教师教育教学智慧；展示教师的教研课、示范课、汇报课、经验分享会、个人事迹报告会等，实现教师自我教育教学价值。

第二节　圆润教师发展方式：三位一体式研训

教师的成长是一段艰辛的历程。圆润教师的发展方式践行三位一体式研训：以"训、研、评"三位一体，其中，"训"是确立思想，"研"是实践活动，"评"是反思行动。

在"训、研、评"三位一体的理念下，思想决定行动，培训在前；实践验证思想，教研在中；促进专业成长，评价在后。"训、研、评"三位一体，促进圆润教师成长。

一、训——确立思想

1. "训"的基础理论

教师专业上要发展，必须对教师进行基础理论为主的"训"，使教师全面了解专业知识结构，懂得基本的教育基础理论。

针对教师专业知识结构，美国教育心理学家舒尔曼提出了"学科教学知识"的概念，这一概念现已广泛运用于教师教育领域。如今在国内外，关于学科教学知识的研究仍是一个充满活力的研究方向。学科教学知识（PCK）由三个维度组成：学科内容知识（content knowledge）、一般教学法知识（pedagogical knowledge）和课程知识（curricular knowledge）。[1]舒尔曼认为，学科教学知识应当是教师个体所特有的，是学科内容和教学知识的整合，是教师专业发展的基石。这是"三分法"。

2002年，NCLB（美国前总统布什签署了 No Child Left Behind Act 这一文件，简称"NCLB"，即"不让一个孩子落后"法案，又称"有教无类法案"）要求高素质教师应该具有学科内容知识、教学法知识、学生知识、课程知识等。这是对舒尔曼"三分法"的拓展。

至今，仍有不少教育家对"学科教学知识"进行研究，我们按舒尔曼"三分法"来解说。

（1）学科内容知识

这是教师最基本的知识，作为教师，在教育中对这一部分知识都有所要求，而且占相当大的比重。这些学科内容知识，实际上也是一般学者应具备的知识，主要包括学科的事实、概念、程式及相互联系，学科中产生和确立命题知识的方式和方法，学科知识的概念，形成学科的知识理念等内容。

（2）一般教学法知识

这是教师教育的特色知识。舒尔曼认为，一般教学法知识指"超越具体学科的课堂管理和组织的广泛原则与策略"，包括教学理论与策略、教学模式、教学测量与评价、教学技术、教学的伦理和道德、学生心理辅导的理论与技术、班级组织与管理、教育研究方法等内容。

（3）课程知识

课程知识是指关于课程标准及课程方案的整体框架知识，包括课程内容、课程设计、课程实施、课程评价以及教师对课程的理解和课程开发等方面的理论知识和课程材料的使用、编排等实践知识。教师的工作是一种创造性的工作，教师有权利在教学过程中对课程的设计与实施提出自己的想法，并在实践中落实。课

---

[1] 杨薇，郭玉英. PCK对美国科学教师教育的影响及启示[J]. 当代教师教育. 2008, 1（3）：6-10.

程知识也包含有关教育宗旨、目的、价值与哲学、历史背景等知识，在教师资格考试中就有"对教育政策及过程的认识"等方面的知识要求。

至于一些研究者提出的"学生知识"，是指关于学习者的认知、年龄、发展特点和个别差异等的知识，它包括学生的经验知识和认知知识。高素质教师更应该具备学生知识，它是教师进行有效教学的前提和基础。丰富的学生知识，使教师在教学中能根据学生的思想与学习特点来重新组织学科知识。

另有"教育情境知识"的说法。教育情境知识是与学习有关的各种情境知识，包括课堂、学校、家庭、社区、社会教育情境等。教育情境知识会对教师的有效教学产生重大影响，影响着教师的发展和学生的发展。教育情境知识包含地区的社会经济水平、学校的类型和规模、班级的大小、教师对其教学的反馈等。

学科教学知识包含了教师的学科内容知识、教学法知识和课程内容的特殊整合，这里强调的是"整合"而不是简单的叠加。学科教学知识是教师个人独一无二的教学经验，学科教学知识的发展是促进新手教师向专家型教师发展的关键因素。

舒尔曼认为，学科教学知识是教师在面临特定学科问题时，怎样针对学生的不同兴趣和能力，调整、组织和呈现学科知识，展开有效教学的知识。这种知识是教师在具体的学科教学实践中动态建构的，是学科本体性知识同教学条件性知识相融合的产物，是由学科知识和教学知识在实际操作过程中通过一定的方式转换形成的，主要通过三种方式转化而来。

一是由学科知识转化而来。教师通过对学科主题内容的编排和采用有效方式呈现学科的概念，思考如何将学科知识解释给学生。

二是由一般教学知识转化而来。比如，教师把学生的学习过程知识运用于特定的学科教学情境，在这个过程，一般的普适性教学知识经特殊化处理而形成学科教学知识。

三是由学科知识与一般教学知识一起转化而来，或从原有的学科教学知识建构而来。

2. "训"为教学之需

应圆通课堂教学之需，学校对教师进行培训，力求教师在课堂上能培养学生触类旁通的能力。

（1）"训"的课程

坑口小学近几年学校校本培训课程如下页表9-2。

表9-2 学校校本培训课程

序号	课程名称	序号	课程名称
1	学习共同体的构建与实践	11	基础教育课程改革的实践与反思
2	常态课例校本行动研究的操作	12	如何构建学校课程体系
3	走向专业的观课和评课	13	如何提高学校课程管理的领导力
4	观察量表的制作与使用	14	建构主义视野下的学与教
5	目标的制订与内容设置	15	深度学习与课堂教学改进
6	单元质量分析与问题发现	16	课堂教学的有效沟通与管理
7	独立阅读课文的课堂教学模式研究	17	中小学课程、教学及评价的变革
8	技术工具使用的思维课堂	18	如何开展学校评价
9	基于核心素养思维课堂微团队建设	19	有效的课堂教学评价
10	思维课堂教学模式专题研修		

（2）"训"的方式

"训"的方式，我们以院校合作为主。院校合作打造圆满教育体系下的圆通课堂，课堂教学与研究具有学术性。

如中国教育科学院整体育人培训，是战略主题式培训；华南师范大学圆通课堂建模、观察培训，是教师课堂教学的基本培训；北京师范大学教师专业提升工程，是促进教师专业发展的课题式培训；广东第二师范学院圆整课程整合（X→1）培训，是课程指导式培训；广州市、区教研员课堂诊断培训，是关于常态课的培训……

（3）"训"的结果

"训"的结果最终厘定了坑口小学课堂的基本样态。圆通课堂结构从目标、内容、过程、评价进行了厘定。

目标：培养思维能力、品质、方法。态度上主动沟通；方法上互动贯通；技能上生动灵通。

内容：根据思维系统对教学内容进行分析、构建、组合设计，寻找学科思维发展的优势点。

过程：遵循思维发展规律并根据思维发展逻辑精心设计教学过程，运用教学策略和建构教学模式。

评价：以培养思维为评价导向来制订科学的课堂教学和教学效果评价体系。

二、研——实践活动

斯腾豪斯提出的"教师是研究者"已成为国际教师专业发展中的一个重要观点。作为研究者的教师，就是实践中的学习者，教师研究不能脱离实际。因此，教师要想获得有效的教学研究成果，就必须具有扎实的教育学理论基础和丰富的实践经验。只有教师是研究者，才能在传授知识的过程中，发现知识，创造知识，才有可能让教研活动扎根课堂，将教育研究成果更好地运用于教育教学实际。[1]

教师研究属于行动研究，就是为了直接促进教育教学实践的提高，以解决现实中存在的问题作为研究活动的目标。在新课程改革背景下，教师要想取得良好的教学效果，就必须重视自己的行动研究。行动研究即"由社会情景（教育情景）的参与者，为提高对所从事的社会或教育实践的理性认识，为加深对实践活动及其依赖的背景的理解，所进行的反思研究"。[2] 它通过研究者与被教育者在具体环境下开展合作互动，来实现自己的目标和任务，从而达到一定的效果。行动研究具有参与性、合作性、情境性、自我评价等基本特点，让教育者进入教育现场，就教育教学实践过程中所产生的问题或者人们普遍关心的课题，展开沟通、对话、讲解、描述、思考、行动等，能够促使教师向行动者、研究者转变。

教师的专业发展，在"研"这一实践活动中实现。

1. "研"之特点

教师专业发展实践活动特点，主要体现在以下方面。

一是以问题为本，开展行动研究。教师行动学习应该是为了提高教学水平，根据教育者的实际教育教学问题进行研究和学习。

二是以团体为单位进行合作学习。以团体为单位进行合作学习，可归纳为三个类别：①指导型合作学习，如教研员、专家学者、专业理论工作者到学校指导；②交流型合作学习，如读书汇报课、教学成果展示、公开研讨课等；③研究型合作学习，如课题研究、教学案例分析、专题研讨等。

三是在实践基础上学习。教师的学习就是实践学习，在实际的教育教学工作中辨别教育理论真伪，在实际的教育活动中迸射出创意火花，在实践过程中形成

---

[1] 李更生，刘力. 走进教育现场：基于研修共同体的教师培训新模式 [J]. 教育发展研究，2012，32（08）：76-80.

[2] 刘海珍. 行动研究是教师专业发展的重要举措 [J]. 教育与职业，2007（26）：70-71.

完善自己教学的理论和实践智慧。

四是以个人体验为主线进行的反思学习。教师的研究学习是不以理论为起点，而以体验为起点的思维建构与重建。心理学家波斯纳在1989年将其归纳为"成长=学习+思考"。

五是在对个案的了解基础上进行的解构与反思。教师学习是一种实践学习，它以个案为媒介，教师善于利用个案来表述。

2. "研"之方式

（1）教师培训最相适应的理论基础——情境学习

情境学习（Situated Learning）的学说主张知识与技能只能从真实情境中获取和应用，因此，应从知识和技能的对应情境中进行学习和研究。只有通过环境的体验，学习者才能认识和评价客观世界。"任何知识都存在于文化实践中，参与到这种文化实践中去，是学习的一个认识论原则。"学校的组织结构、制度安排也不例外。校长和教师们关于教育教学及管理的知识技能都必须寓于教育之中、在办学与教学的实际情景下进行学习、研修。

美国加利福尼亚大学伯克利分校人类学者J. 莱夫教授在著作《情境学习——合法的边缘性参与》一书中首次提出了情境学习法。他指出情境学习强调学生通过对生活中各种情景的感知来理解和掌握知识，并能主动运用所学知识解决问题。在莱夫看来，不能简单地将学习看成一种将抽象、去情境化知识由一者转移到另一者；也不是将知识直接灌输给受教育者，而是要使他们通过与环境相互作用来获得知识。学习具有社会性，在这一过程中，知识是人们一起构建起来的；学习不是孤立发生的，而是与周围世界相互作用而进行着的一种有目的、有意识的活动。这种学习始终是在一个特定的环境下进行的，渗透于一定社会与自然环境之中。[1]哈贝马斯认为，情境理性最为注重的是学习者彼此采取了解彼此的姿态，展开全面的交流与沟通，在交往中将学习者"对局部时空进行认知"的范围不断扩大。

所以，必须要把教育者带进现实的教育现场中去，带进学校、带进课堂、带进老师、带进对话实践者的真实生活，才能真正实现"教"与"学"之间的互动，才能使教育者获得真正的知识与技能，才能使学生得到发展。教师研修、研究更是教育现实环境下进行的实践活动。

---

[1] J. 莱夫，E. 温格. 情境学习：合法的边缘性参与 [M]. 王文静，译. 上海：华东师范大学出版社，2004.

（2）教育科研的正确方法

教师要采用教育科研的正确方法，具体要注重以下方面。

教育科研的本能和基础：有丰富的实践经验、抽象思维能力和理论基础。

思维方法：解释问题是研究逻辑，而工作逻辑就是解决问题。

问题研究策略：问题研究要以"实然问题"作为出发点，"应然问题"需有"实然问题"科学研究作为底层依据；问题研究还要关注"实然问题与应然问题之间关系的合理性"。未来问题在于决策，决策需建立在对"实然问题"研究的基础之上；围绕某一关键点不断提出问题，提问要具备逻辑性；在研究问题时，应尽可能避免运用"价值判断"这一概念。

研究问题的主要方法：严格讲，我们一线老师是业余研究者，更多地是使用实证（经验）研究法。实证研究法有量化研究和质性研究。量化研究可通过编制问卷并施测、使用Excel或SPSS软件分析。质性研究的方式有现象学研究、历史研究、叙事研究、比较研究、个案研究、行动研究、教师自我研究；质性研究收集资料的方法有观察法、访谈法、实物收集法；质性研究分析资料的方法有情境分析法或类属分析法。[1]

研究问题的分析方法：要从理论视角高度分析问题，要让问题具有学术性。例如研究课堂教师和师生互动的问题，就要通过教师在课堂上提问的现象（系列数据），从空间视角、性别视角、问题视角、群体效应视角、教育公平视角等理论角度分析研究教师课堂教学，提出教师课堂正确互动的策略与建议（工作逻辑）。

（3）教师研修基本形式：以共同体为单位进行对话

"共同体"，这一概念由德国著名社会学家、哲学家斐迪南·滕尼斯提出，所谓的"共同体"是指经过一定正面关系所组成的一个团体，这个团体在内部和外部都起着统一的作用，是真实而有机地结合在一起的生命组合。

"实践共同体（Communities of Practice）"是J. 莱夫和E. 温格在情境学习中提出的一个核心概念。它是指一个诸多个体的集合，这些个体长时间地共享共同确定的实践、信念和理解，追求一个共同的事业。"共同体"存在于社会、文化及教育的各个层面。

"教师研修共同体（Learning Community of Teachers）"就是教师在"研修主题"基础上进行实践研修活动所建构的一种个体实践与学习的联合体。它是指一

---

[1]孟晓红. 自由培训师核心能力研究［D］. 上海：华东师范大学，2020.

个由多个不同或相同专业背景的人组成的群体。教师研修共同体注重的是共同的愿景与信念，强调共同体中的个体共享自己的意见和资料并彼此合作、承担责任以及参与其他许多方面的合作性活动。它把不同学科的教学经验有机地联系起来，通过集体研究来达到提高教育教学质量的目的。这种用同质来推动、以异质来互补为原理所构建的共同体，将教师研修实践活动进行联合研修，由此产生一种中心任务驱动、协同研究、资源共享、相互借鉴、共同发展的优良机制。[1]

3. 教师专业知识共享的组织样式：学习共同体

美国教育管理学家托马斯·J. 萨乔万尼认为，"共同体是出于自然的意愿而形成的，并对一系列共享的理想信念负有义务的个人的集合体"。

教师专业共同体，就是以教师自愿参加教研组活动及相关课题研讨，研究讨论培养有利于学生学习成长的良好土壤为目的的专业性学习共同体。它有别于传统意义上的学术社团，也不同于普遍意义上的教研机构，而是具有鲜明特色的学习型组织形态。其依托学校，由教研组长领导，在教师专业化浪潮的引导下把教育实践作为一种载体，采取共同学习、共同讨论的方式，通过团体情景下的彼此交流和沟通，最终实现提高性组织的全面发展。

（1）教师专业知识共享的特征

教师专业知识共享，就是在学校组织内，个人学科教学知识（包含隐性和显性的两种类别知识）之间通过多种方式进行交流与沟通，在解决具体的教育教学问题时，与组织中的其他成员共享，继而向共同知识财富转化的历程。[2]

知识共享并非单纯知识扩散与交换，它旨在通过对知识的应用与创新，拓展知识利用价值，发挥其应有知识效应，实现知识持续升值。对学校来说，知识共享就是要把分散于师生间的大量信息加以整理、加工、提炼、传播，形成一种可供使用或分享的知识产品。对于学校知识管理而言，知识发现与挖掘提供知识共享的可利用资源，知识的融合和积累，也是分享之后后续的知识提升与创新，最后变成学校组织的共同知识财富。

教师专业知识共享的三个基本要素。

第一是知识共享的主体，可分为学校组织、项目团队、教师个体三个层面。在这三个层面中，以教师为中心，以教学过程为主线进行知识管理和共享，具有

---

[1] 李更生，刘力. 走进教育现场：基于研修共同体的教师培训新模式［J］. 教育发展研究，2012，32（8）：76-80.

[2] 刘玮. 知识管理视野下的中职教研组建设研究［D］. 福州：福建师范大学，2015.

更多优势。

第二是知识共享的客体由显性知识和隐性知识组成。前者主要指知识本身，后者则主要指知识在传递过程中被吸收利用后所产生的价值或效果。知识存在的状态是不一样的，所用传播转换方式亦各不相同，难度相差也较大，所以需要采用不同的管理方法来实现有效的知识共享。

第三是知识共享的手段，例如制度安排、文化手段、组织手段等。学科教学中的知识资源，一经形成，就能反复使用，不因使用耗损。

（2）学习共同体的形式

①学科教研组。

教研组，全称为教学研究组，它是以学科为单位，由学校组织起来，对教学问题进行研究的基层教育组织，是教师专业发展学习共同体。它通过共同探讨和交流解决实际教学问题的方法，促进教师专业化成长。学习共同体，亦称学习者共同体，是由管理人员、教育者、受教育者和其他人组成的机构。它以共同愿景为目标，通过合作探究和交流来促进师生之间的相互交往和理解。在学习共同体内部，成员们目标明确，能面对面地互动交流。通过共同参与课题活动和合作交流等方式来实现共同提高，以促进整个团队或团体的进步。顾泠沅老师从学校实践和教师专业发展这两个视角出发，指出教研组是"学习型的实践共同体"。

教研组对教学常见问题进行研究：从整体上认识学科教学、解读课程标准及学科发展趋势、分析教师发展普遍存在的问题等。备课组对教学个性问题进行调研，对教师发展、教育教学或教材中的具体问题进行更细致、更有针对性的深入研讨与探究。

②年级备课组。

备课组主要职能就是组织同科目教师就某一科目课程教学集体备课、合作研讨。它不同于一般的教学研究活动，具有明显的专业性和实践性特征。其重点是探讨该学科课程教学的现实问题，所以相对而言能够更加有效地发挥出教学研讨在学科教学中的指导作用。

教师在集体备课中必经的基本流程是：个体初步备课—集体研究讨论—修正教案—重点追踪—课后交流。在集体备课的基本流程中，教师通过集体备课标、备学情、备流程、备重难点、备教法、备教案等环节，统一进度、统一目标、统一重难点、统一练习，确保集体备课的深度与质量。

备课组负责年级内相同科目教师的教育教学工作，确保所有学科的教师都能够按照课程计划和课程标准来完成教育教学任务。[1]教研组承担着对同科目教师安排学习、科研、培训等工作，重视促进教师专业发展。

③新型学习共同体——网络教研。

可以通过建立网络社区进行网络教研。网络社区包括公告栏、论坛、个人空间、在线聊天、群组讨论、交友、无线增值服务等网上交流空间。相同话题的网络社区，聚集着有共同爱好的访客。这些人往往通过不同的方式聚集到一起，形成一种群体效应，即社区现象。从现代社会学的角度来看，所谓社区，就是地区性生活共同体。社区一般由若干相互联系、相互作用并以某种方式联结起来的成员组成。组成社区应具备五个基本要素：在一定地域空间内、在社区中有一定的人口、有一定规模的社区设施、具备一定类型的社区活动、形成一定特征的社区文化。

开展网络教研的独特优势：时间上的灵活性、空间上的无碍性、参与上的广泛性、内容上的自主性、发布上的便捷性、形式上的多样性、交流上的互动性、资源上的积累性等。

可以成立网络教研组。网络教研组的活动方式如图9-4。

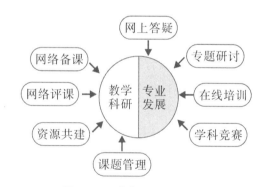

图9-4　网络教研组活动方式

（3）学习共同体的特色文化

学习共同体要有自己的特色文化。

学科教研组、备课组要体现民主、合作、竞争、和谐的文化特征。

整体研修文化要有"场"的高度。如下页图9-5。

---

[1]张来春．教研组面临的新问题及其变革和转型建议［J］．教学与管理，2009（28）：25-27．

图9-5 整体研修文化特征

"场"是指研修主体通过制度保障、指导引领、科组合作、个体反思、成果分享等路径，形成一种有最大能量、最大合力、人文情怀的氛围和环境。

以年级备课组和学科教研组为基本研究队伍，网络社区为主要资源，共同建设一个专业性学习共同体，帮助教师在优良土壤中学习成长。

教师研修的本质是进入真实的教育情境，以真实的教育实践中产生的问题和主题为中心展开、研修并建立研修共同体，通过在共同体内部分担任务、分享经验等途径，做到不断地发现并解决真实的教学情境中存在的问题。

以发现与解决问题为出发点，构建学习共同体，是为了让老师们在平时的教学工作中找到问题所在，用问题解决的方式指导学习与探讨，通过不断地发现问题，解决问题，提高专业水平。在教育教学中，如果教师碰到了一些值得研究的重大问题，应提炼出研究课题，以此作为一个学科课题进行后续的研究。

学习共同体以促进教师专业发展为终极目标，从而实现学校教育教学整体水平的提高。

三、评——反思行动

"训""研"之后，"评"的环节必不可少。这是课堂教学的评价与反思，是促进后一步教学的必要一环。

1. "评"的目的与方法

"评"的目的，重在激励性，也在发展性。激励性方面，可以精神表扬，可以物质奖励。发展性方面，可以促进教师专业水平更快速提升。

"评"的方法，可以多角度进行。课堂教学，可以进行常态课堂讨论，也可以进行课堂教学竞赛专场评价；团队奖励，可以科组为单位，也可以年级为单位；宣传成果，可以开一次课堂推介会，也可以开一场教学思想会；奖励机制，可以在职称评审、评优晋模、外出学习等方面优先考虑。

2. 以"评"促教师多项能力提升

圆润教师在"评"这一环节中，重点研究圆通课堂的评价取向和研发圆通课堂的评价工具。学校基于"圆满教育"理念，依托创设的圆通课堂教学模式，通过集体观课评课的教研活动，提升教师课堂观察的问题定向能力、方案设计能力及实施执行能力，促进教师教学反思，提升教师专业水平。

（1）教师观察点定向和设计能力得到提升

通过圆通课堂观察教研活动，教师的问题观察点定向和设计能力均得到锻炼提升。教师基于LICC范式的认知和学习，集体开发和制订圆通课堂教学观察量表和圆通课堂教学评价标准表，教师能够获得在课堂观察中的观察点定向及观察设计经验。

（2）教师课堂观察相关能力得到提升

第一，通过圆通课堂观察，教师的课堂观察准备能力得以提升。教师有所准备地使用观察工具参与圆通课堂观察，预先进行课堂教学诊断调查，并定位自己的观察点，观察准备能力有所提升。

第二，教师使用和改良观察工具的能力得以提升。圆通课堂观察有独创的观察工具，教师为了合理使用这种工具，必须掌握一定知识和运用工具的能力。这会引起教师们的求知欲和研究欲望。尤其是观察工具要与学科内容相结合，这种需要工具与学科结合的能力，能够使教师认识到自身的不足，激发他们自觉学习。因为观察工具是如此的关键，教师除了根据观察工具的内容去学习相关的材料，还会对工具进行思考和改良，重新设计或调整观察点的构成要素。每当观察量表不适用的时候，很多教师对课堂观察的实施执行都有反思的意识。教师在运用学校建议的观察工具时具有很强的自主调整意识，从实际出发，在使用量表前根据观察课的具体情境调整原先设计的工具。这种改良工具的能力，也正是教师在实施课程观察中一项重要的与操作执行相关的特殊能力。

第三，教师课堂观察共同协作能力得以提升。

课堂观察不是个体教师单独参与，而是共同体参与的集体教研活动。坑口小学圆通课堂教学模式下课堂观察的独特性就在于将团队协作核心放大、再放大。在课堂观察实施中，每位教师的观察点都不相同，而只有将全部教师所观察的内容汇聚起来，才能对该节课形成全面的评价。参与课堂观察的教师互相合作，把每个观察点结合起来，点形成了面，为被观察的教师提供更加全面的反馈意见。

如此一来，教研共同体的互相协作能力得以提升，从个体层面能够更加全面有效地对课堂进行点评和改进，从学校层面来说则有利于优化整个学校的团队合作理念和氛围。

通过逆向研制、利用课堂观察工具，对课堂深入观察，对课堂教学过程中的现象和行为归纳出量化的数据，对课堂状态做出科学的评估，不仅能够帮助教师发现课堂教学中存在的问题，促进教师教学课堂观察能力的提升，也能够促进教师教学能力不断提升。

总之，"训、研、评"三位一体式研训过程，对圆润教师的"三格"式成长（由"合格教师"到"升格教师"再到"风格教师"）会起到关键性作用。精准的"训、研、评"三位一体式研训，对教师专业能力的影响作用是巨大的。基于学校"圆满教育"理念，依托创建的圆通课堂教学模式，通过研究圆通课堂的评价取向，研制圆通课堂评价工具，再通过集体观课议课的教研活动，提升了教师课堂观察的问题定向能力、方案设计能力及实施执行能力，促进了圆润教师的真正成长，从而从根本上提升了学校的教学质量。

第三节　圆润教师个性样式：润物无声式育人

坑口小学在价值追求过程中发现教师成长问题，重点解决课堂教学中的问题，通过"训、研、评"三位一体研训最终解决这一问题。学校着力培养有着自己学校特色的"圆润教师"，注重"三个一"工程培养方式，认定"三格"式培养策略，成就满意的圆润教师。

圆润教师，一直走在专业成长的路上。圆润教师润物无声，彰显出团结、活力、温润的显著特点。

一、圆润教师显著特点：团结、活力、温润

学校确定了圆润教师专业发展目标、师德师风和教师能力标准。

教师专业发展目标：做一个有教学风格的老师。

师德师风：纯洁、团结、肯干，有做"圆润"良师追求。

教师能力：教育教学基础较扎实，有较高的校本教研能力，课堂有模，科研有果。

在"有教学风格"的旗帜之下，以"圆润"特征来诠释教师，具体表现为团结、活力、温润三大特点。

1. 团结

作为教师群体，团结的意义尤其重要。教师团结有利于实现教育目标，有利于教师自我成长，有利于建立良好的人际关系，有利于形成科学、民主的学术风尚，有利于营造优良的育人氛围。

教师和教师相处简单而快乐，虽然难免有一些小的摩擦，但是并不存在什么原则性的分歧和矛盾，因此教师之间要做到团结协作还是比较容易的。

学校公平支持。学校要在政策层面，鼓励教师团结，在学校大环境的影响下，相信教师是可以团结协作的。当然前提是我们要信任每个老师，为每个老师提供公平合理的学习和进步机会，而不是厚此薄彼。

共同创设环境。人和人之间的感情都是相互的，你对别人好，别人也会对你好。在学校里面也是一样，教师和教师之间应该多一些理解和包容，少一些计较和争斗，在这样的氛围和环境中教师们才会更加团结协作。

多多反思自己。教师之间如果相处不愉快，那么先自我反思，看看是不是有什么地方做得不对，是不是太过于计较，是不是误会对方了，好好从自己身上寻找原因，然后主动和对方交流，争取冰释前嫌。

乐于帮助他人。送人玫瑰，手留余香。尽可能地为别人提供帮助，时间长了，我们会发现自己的人缘变得很好。如果每个人都这样做的话，教师之间的关系肯定会融洽，那么团结协作就不难了。

学生媒介参与。学生也可以充当教师之间相互交流的媒介。课余时间可以与别的教师讨论学生上课、学习等情况，这样既可以从多方面了解学生，也可以促进教师之间的交流，有利于教师的团结。

2. 活力

缺少激情活力，教师的人生是乏味的。只有保持活力，教师才能感受到职业的幸福。活力教师，给予教育活力。

（1）圆润教师自身有活力

第一要做到身心健康。陶行知先生说："我们深信健康是生活的出发点，也是教育的出发点。"我们坚持立德树人，先要以"自己之德"而树"他人"。圆润教师不仅要用高超的教学艺术去提高学生智力，更要以高尚的师德和良好的心理素质去感染和熏陶学生。而高尚的师德和良好的心理素质源于教师的心理健康。

第二要有教育理想。心怀教育理想，教师才有不断超越自我的动力，才能在教育思想和实践探索上不断追求。只有心怀教育理想，教师才不会只满足于做好分内事、教好身边人。

第三要有广泛兴趣。做兴趣广泛的教师，以自己之才服人。圆润教师要不断拓宽自己的知识视野，既要发挥专业优势又要补上知识短缺，同时兼备广泛的爱好和才能。这样才能游刃有余地做好教育工作，彰显自身活力。

第四要善于反思。圆润教师必须让思考伴随教育的始终，及时总结经验教训，调控教育行为，扬长避短，追求教学质效的最大化。教师要力争做到"四个不停"，即不停地阅读，不停地写作，不停地实践，不停地思考。理性地审视自己的教育生活，教师才会深切体验到教育生活的幸福。

（2）圆润教师活力在课堂

圆润教师的活力在课堂，在"圆整课程"背景下，以"圆通课堂"的形式培养学生。课堂活力，是圆润教师的生命力量。教师有了活力，课堂才能精彩灵动，教育才能生机盎然。

3. 温润

圆润教师以温润之心滋润学生心灵，坚持用一颗温润的心言传身教，把人类精神世界里一切美好的情感展示给学生，滋养学生的心灵。教师要关注学生的成长，关注学生的生命状态，润物无声。

为落实学校育人目标，温润教师要按照学校德育体系，开展系列育人活动。温润教师要通过思政课、校会、主题班（队）会等多种形式切实加强学生养成教育；以活动为载体，结合国家的重要节日、纪念日和民族传统节日，开展各种主题教育活动；结合学校"创建环境整洁校园、文明礼貌校园、仪表规范校园"活动，评选"追求圆满好少年"。

二、圆润教师育人叙事

每位圆润教师，都会有自己的育人叙事。圆润教师育人，有着诸如"'四大金刚'变形记""动手造万物"的精彩故事。

1."四大金刚"变形记

与一帮爱捣蛋、不爱学习的毛孩子做好朋友，利用周末一起玩足球，不知道符合什么教育原理，但是让当年涉教不深的我管理班级还蛮奏效——这帮"朋友"给足面子，让我在全区青年教师基本功大赛获得了第一名。

——题记

　　燕子去了，有再来的时候；杨柳枯了，有再青的时候；而岁月却是如流水一样一去不复返了。多年来为人师表，在讲坛上、在教室里、在校园里不断地演绎着自己的教育教学故事，许多都已随着时日的流逝而渐渐淡忘，特别是做了校长之后当年那些斗智斗勇的故事也随风而去。但是，还有一些故事就如同树根一样深深地扎在了我的心上。虽不曾惊天动地，但仍历历在目，感悟至深。

　　那是1998年的秋季，我从学校A调来学校B。B校是省级学校，是当时我区最好的学校，在工作分配时校长宣布我担任四年级（1）班的班主任。会后校长对我说："小李，四年级（1）班原班主任陈老师是一位女老师，年满退休，没怎么管住这帮'马骝'（粤语，意为'猴子'），这个班有几个'大肥仔'堪称'四大金刚'，要不上课不听讲，要不不完成家庭作业，要不睡懒觉上学迟到，要不爱恶作剧，要不喜欢打架，个个难对付，家长拿他们也没办法，就看你的啦。"刚调来学校就碰到这么个"刺头班"，我心里纳闷是不是别的班主任不肯接受这个班，校长拿他们没办法欺负我初来乍到。不管怎样只能自认倒霉。自认倒霉不等于不想把这个班带好、管好，我还是想做点成绩给校长看看，因为我知道能调来B校是不容易的，再说校长把这个"刺头班"给我是考验我也有可能呢。自我安慰之后，我心气儿也就顺了，既来之，则安之。

　　9月1日开学典礼后的班会课，四十几个孩子面对一个陌生的男班主任，开始几分钟还没有动静，但是看得出他们眼中充满好奇。校长说这个班有"四大金刚"，我想首先见识这几个"金刚"，就想通过点名来见识见识。我说："各位同学，很高兴我又有了45个新朋友，为了记住新朋友的姓名，现在我点一下名，喊到名字的同学就喊'到'就行了。"小家伙们异口同声地说："好！"点名开始了，"李志海"，这时从第二组第三排慢吞吞举起一只胖乎乎的小手，发出一阵慢吞吞地拖着长音的"到——"，顿时学生们哄堂大笑。"吴纵仕"，从第四组最后面举起的又是一只胖乎乎的小手，一个男孩声音响亮地喊"到"，刚喊完，全班齐喊"唔重视"（粤语，意为"不重视"），又是哄堂大笑（这么好的名字我打心里也想笑）。"曹健嘉"，突然有个孩子从第一组最后一排大喊一声"到！"，吓了他的同桌一大跳。当点到"潘穗龙"，又一个小胖墩站起来小声地说"到"。

　　点完名，我想进一步了解孩子们的兴趣爱好，就说："同学们，刚才我知道了大家的名字，可能一时半会还记不住，为了让老师尽快记住大家，现在请大家自我介绍，介绍自己的爱好呀，自己的特长呀，行吗？"从一组到四组，每个同学都用一两句话介绍了自己，有的说喜欢看动画片，有的说喜欢吃薯条汉堡，有的说喜欢旅游，有的说喜欢看书，然而，那"四大金刚"有一个共同的爱好——喜欢踢足球！这下我心里有谱啦。

正如校长对我所说那样，这帮小家伙可真闲不住，没让我有好日子过，课间不是你追就是我打，上课气得科任老师们把他们请到我办公室做检查。李志海迟到那是家常便饭，吴纵仕和曹健嘉隔三岔五就干上一仗，双方家长隔三差五来我这儿"谈判"那是司空见惯，潘穗龙能完成作业是不正常的。

一个周五下午放学前，我把"四大金刚"请到办公室，问他们："这个周末你们准备怎么过？"李志海说："我的家教来给我辅导作业，要做作业。"吴纵仕说："爸爸哪里也不准我去，要在家做作业，因为我的作业老是完不成。"其他两个小家伙不用说都是在家做作业。我说："明天下午我们一起来学校踢足球，有没兴趣？"四个小家伙眼睛瞪得比牛眼还大，齐声说："好呀！""想来踢球得有个小条件，明天早上你们得早点起床，抓紧时间争取把作业做完，行不？"我说。"行！"小家伙们异口同声地说。"不过，不知道爸爸给不给来？"吴纵仕说。"放心，我跟你们家长请假。明天下午四点半见！如果你们爸爸想来也可以一起来。"四个小家伙高兴起来跑得比兔子还快。

第二天下午四点半，我准点在球场上等，四个小家伙没有一个迟到的，李志海爸爸和吴纵仕爸爸开着车带他们来，而且还把同班同学郑骁（一个好动还爱撒谎的小家伙）带来了。

球赛开始了，我、郑骁、吴纵仕、吴纵仕爸爸一队，李志海、曹健嘉、潘穗龙、李志海爸爸一队。别看这几个小家伙平时坐在教室上课就像上霜的茄子趴在座位上无精打采，球场上一个个生龙活虎，左蹦右跳，左穿右插，胖乎乎的身体不失灵活。四十五分钟到了，0：0上半场结束，几个小家伙跑得汗流浃背，气喘吁吁，两位爸爸也累得坐在地上不想起来。

中场休息，两位家长做后勤，递毛巾，送矿泉水。我让四个小家伙坐到我身边，跟他们做上半场的技术分析，分析站位、跑位、防守，特别强调注意进攻的套路，小家伙们听得津津有味，摩拳擦掌、跃跃欲试。

下半场继续。我传一个漂亮的球给吴纵仕，只见吴纵仕晃过李志海小脚推射，球进了！吴纵仕高兴地抱住他爸爸大喊："球进了！球进了！"然后跑过来和我击掌相庆。由于天气炎热，几个小家伙也快累得跑不动了，1：0收场。

稍做休息，我问他们今早几点起床。吴纵仕爸爸说吴纵仕一大早就起床了，早餐都没吃就开始做作业。志海爸爸也说志海一大早就起来了，起床之后就准备球衣、球鞋等装备，吃完早餐就开始做作业。我问他们作业做得怎样，小家伙们都说差不多做完了，只有语文周记没做。我先表扬了他们在球场的表现，特别表扬了吴纵仕漂亮的进球，并告诉他们今天下午我们一起踢足球就是最好的周记素材，引导他们分享我们在球场上怎样跑动，怎样控球，怎样传球，以及进球之后的感受，写这些就是最好的周记。几个小家伙都说："老师，我会写。"

临回家之前，我对两位爸爸说："孩子们下午表现太棒了，你们可要好好奖励他们呀！"两位爸爸说："今天晚上我们请他们吃大餐，老师一起去。"我说："你们带孩子们去吧！"临别我提醒："志海，下星期一可别迟到哟！"志海什么也没说，只是嘿嘿嘿傻笑，有点嬉皮笑脸。

星期一一早，我就在教室看着学生扫地、交作业，7:50学生差不多到齐了，我想李志海应该不会迟到。五分钟过去了，八分钟过去了……这时，只见李志海气喘吁吁地从楼梯向教室跑来。我说："志海，别急，还没上课，你很准时！"

语文课上，我指着黑板说："这节课，我们上一节说话课，说说上周末你们是怎么度过的，哪些事是最开心的。"我话音未落，吴纵仕举起手来："我说！"我把他请到讲台前面。他挺着个大肚皮，说话结结巴巴，普通话又不流利，但是能基本把周六下午踢球的事情讲完整，赢得了同学们的阵阵掌声。李志海、曹嘉健、郑骁、潘穗龙也不甘落后，都上台一显身手。这节课没有"四大金刚"的吵闹声，也没有见到李志海趴在桌子上昏昏欲睡的样子，看到是他们一脸的骄傲和满足。

又是一个周末，我们几个又在球场上挥汗如雨，这次不只是"四大金刚"了，还有平时爱好体育的体育委员黄子龙、平时不怎么爱好运动的王珏、学习委员陈莹、班长卢子栋等。踢完球，我们一起喝汽水、聊天、聊我们班上纪律差怎么办，不交作业怎么办，卫生没人打扫怎么办。三个臭皮匠，抵个诸葛亮。大家出谋划策。然后，我们围在一起，把手叠在一起，大声喊："大家努力，争取第一！"

不到半学期，科任老师跟我反映说我们班现在上课纪律好了很多，特别是"四大金刚"表现得完全不一样了。数学王老师跟我举了个例子。有一次，刘小郭在课堂上大声说话，潘穗龙突然站起来对着刘小郭大声说："刘小郭，别说话！"王老师说潘穗龙现在蛮有责任感。不多久，我安排潘穗龙为课堂纪律监督员，课堂上潘穗龙可"神气"了，管好了自己还管好了别人。

十月份我区有个青年教师基本功大赛，学校推荐我去上课，当我把到区里上比赛课的消息告诉同学们，并问同学们有没信心，同学们异口同声地说："有！"我说："看你们的了。"比赛课上，我班这帮小家伙特别是"四大金刚"在课堂上争先恐后地质疑问难，表达观点，有感情地朗读，着实为我争了一口大气。他们优异的表现获得了评委的高度称赞，也为我争得了一个一等奖。

十几年过去了，"四大金刚"个个牛高马大，个个都是帅小伙子，逢年过节要不来个电话，要不在QQ上聊个天。一到周末我们就凑在一起踢场足球，只不过踢球最差的是我，最快累得不行的是我，递毛巾、送矿泉水的当然是他们。回首往事，只觉得与孩子做好朋友，做球友，打成一片是有效的教育方法之一。

2. 动手造万物

2025年7月16日上午，深圳前海梦工厂创业园骄阳似火，热浪逼人。早就听说原来就读我校（金兰苑小学）的一帮学生大学毕业后在这里做创客，追逐他们的梦想。趁出差之便，我来看看他们。学生周浩热情接待了我，我来到他们的"蓝胖子机器人"工作坊。

100多平方米的工作坊既当办公室又作实验室，房子里摆放着几张简易的桌子，上面堆满了电脑和一些叫不上名字的设备。房子中央，几台蓝色机器人一字排开，正伴随着动感的音乐跳着《星球大战》的舞蹈。它们时而踢腿，时而弯腰，时而展臂，时而前后滚翻，动作略显笨拙，像蹒跚学步的孩子，让人忍俊不禁。周浩说："这是我们最新的研究成果——世界一流的3D视觉伺服机器人。"

"噢！"我惊叹了一声，并由衷地竖起了大拇指。十年弹指一挥，我们的学生能制作出这么精密的能歌善舞的机器人，我倍感欣慰。

睹人思人。目睹阳光、自信、儒雅的周浩，不禁让我想起10年前校园里的小周浩们，他们并不是学霸，但是他们对任何事情都充满着浓厚的好奇心，充满着丰富的想象力；想到了10年前校园"科学小达人"科技节，小周浩们尽情玩着"气球吹吹吹""磁力迭迭乐""电流急急棒""水炮冲冲冲"游戏而兴奋不已；想起了小周浩们因在英语课、数学课上偷看《机器保姆多美丽》而被请到校长室奔拉脑袋、大气也不敢出的可怜情形……

我未曾想到周浩们能研制出世界一流的机器人。仔细打量着身旁这些稚气未脱的年轻人，我试探地问："当年在金兰苑小学读书，对你们现在研制机器人这件炫酷的事情有影响吗？"

周浩不假思索地说："当年学校秉持'动手造万物'的理念，开设了许多体验的课程，如元智科技课程、三棋课程、'创客总动员'社团课程，改变了我的学习生活，更重要的是，让我发现了未知的自己。"

"让我发现了未知的自己"，这不就是好校长的教育担当吗？这不就是好教育的根本目的吗？"弟子三千，贤者七十二"，也许，在孔子看来，"好教育"就是要把弟子培养成众爱亲仁的君子；在蔡元培看来，"好教育"就是要培养自由之思想，独立之人格；在我看来，"好教育"就是要培养孩子"动手造万物"的能力！

因为当孩子发现了泥巴，又想要一座城堡，他会用泥巴来搭建城堡；当孩子发现了树枝，又想要一把弹弓，他会用树枝来制作弹弓。也许搭建的城堡并不漂亮，做的弹弓也不实用，但是他们内心一定会感到巨大的成功和无比的喜悦，因为孩子满足了深植在本性之中的创造欲望，享受了从零开始"创造"城堡和弹弓的过程；因为孩子们在创造中将跳跃着的梦想音符编织成美妙的音乐，用智慧的火把照亮了未知的夜空。

案例

E时代家访不过时

——对学校"为走近而走进"主题家访活动的思考

近两年，学校所在的社区之一东漱村开展城中村改造，很多学生都搬迁异地，离学校远了，家长和老师的交流也少了。那些来学校的家长越来越难"伺候"，他们经常把孩子在学校发生的一点小事情无限放大，进而激化矛盾。教导主任反映离异、单亲家庭越来越多；德育主任反映有焦虑、自闭等心理问题的学生越来越多。学校与家长如何有效沟通？教师与家长如何有效交流？这些问题都困扰着学校管理者。为了走近学生，走近家长，为了让教师深入了解每个学生家庭的实际情况，切身感受学生成长的环境，学校开展了为期一个月的"为走近而走进"主题家访活动。

一、"为走近而走进"主题家访活动回放

"为走近而走进"主题家访活动在一个周五的下午开始进行。老师们或骑车，或开车，或乘公交车，或领着学生步行，分别到已预约好的学生家里。在家访中，老师们与家长促膝谈心，谈孩子学习、谈家庭生活，还谈社会现象，彼此间如拉家常般亲切自然。教师与家长坦诚相对，沟通交换意见，有的班主任还特意将自己刻录的教育专题光盘赠给家长。孩子们为老师的到来感到莫名兴奋和光荣；家长们对老师百忙之中深入家中访谈表示极大的赞赏和敬佩。这一天，老师们穿梭在街头巷尾的画面成了一道亮丽的风景。

为了解老师们对家访的看法，也为了解本次家访的效果，家访后我在QQ群里发起"E时代教师要不要家访"的讨论，话题抛出后讨论可谓热烈：

"对于我们的家访，家长都很重视，特意请了假在家里等我们。"

"这次家访总体上口碑很不错！一些来报名的新生家长私下交流说这学校的老师去学生家家访，证明老师很有责任心……"

"时间是紧了点，但与家长拉近了距离，不相信辛苦了会没有效果。"

"家访工作肯定有利有弊，但我觉得利大于弊，几十年后我教过的学生家长还记得我，呵呵。想当年骑着'烂单车'每晚放学后围着东漱村转圈呢，辛苦但快乐着！"

"其实家长还是很欢迎的。有些学生知道老师来家访既紧张又开心！"

"在通信网络发达的今天，传统的好东西不应丢弃。看总比听真实。"

"我们和家长谈得很贴心、很投机。"

……

通过QQ上的交流可以看出绝大多数老师对本次家访的效果是满意的，也认为信息时代家访是有必要的。

虽然这次家访过程中遇到不少困难，但是家访中教师与家长面对面、心对心的亲密交流，真实了解到通过电话、QQ、微信、邮件、短信等这些现代化手段难以详细了解到的学生"第一手资料"。众多家长对学校这一举措表示了赞赏，老师的辛勤付出得到了广大家长的认可。六年级的朱文清爸爸说："我们当家长的可真是盼星星盼月亮地等着老师来，有些话来到家才好说，开家长会还真不知道从何说起。"

二、启示：E时代家访不过时

《中共中央办公厅 国务院办公厅关于适应新形势进一步加强和改进中小学德育工作的意见》明确提出："学校要对班主任、任课教师的学生家访提出具体要求。"2012年颁布的《义务教育学校校长专业标准（试行）》对校长专业素质提出六项基本要求，在"调适外部环境"要求中就提道："建立健全家校合作育人机制，建立教师家访制度，通过家长学校、家长会、家长开放日等形式，指导和帮助家长了解学校工作情况和学生身心发展特点，掌握科学育人方法。"这些政策、文件的规定充分说明家访并未过时。

这一个月的家访，虽然不及电话、QQ、微信、邮件、短信快捷方便，但是得到了学生的喜欢、教师的认同、家长的赞许，这足以证明家访这种传统的教育方式是有必要的。正如苏联伟大的教育家苏霍姆林斯基所说："如果把一份爱心放在家访中，就会取得意想不到的效果。"我们坚信，E时代家访不过时！

1. 家访有助于教师"一把钥匙开一把锁"

德育主任麦艳芬老师在《家访随行有感》中写道："一次平常的家访，一份不平常的感动。从这次家访中，我感到家访来得太迟了，为什么我们没有更早地发现这些从特殊家庭走出来的孩子？为什么我们没有更早地让他们感到学校的温暖？是我们的家访有太多的蜻蜓点水，还是他们的遭遇从来没有进入我们的视野？"

子华是四（1）班一个特殊的孩子，从幼儿园开始就有多动症，上课不能集中注意力，下课喜欢招惹同学，所以班里的其他孩子都不愿与他交往。四年来，老师们给予他无微不至的关怀和悉心的心理辅导，小家伙学习态度、行为习惯大有改善，特别是招惹同学的坏毛病改了不少。但这个学期开学以来，他又旧态重演，厌学、情绪不稳定，一次因语文作业没有完成又不想补做，突然情绪失控，搬起桌椅就砸，还伤及几个同学，导致家长们怨声载道。班主任杨老师多次打电话向子华爸爸反映孩子的最近表现，并希望家长配合做好教育，但子华不但没有任何起色，就连作业也经常不能完成。针对子华同学的反常行为，杨老师决定去家访。通过家访，杨老师了解到子华从小是妈妈管教，但妈妈的教育方式过于溺爱，尤其是在学习方面，妈妈包办代替太多，导致子华独自学习的能力不强。此外，杨老师还了解到，这个学期子华父母离异，妈妈不在身边，子华不仅失去了母爱，还失去了学习上的帮助人，爸爸既缺乏耐心又缺少方法。通过家访面谈，孩子爸爸意识到以往教育方式的不对，并且表示会全力配合学校，对孩子进行教育。于是，杨老师和家长一起制订了下一步的教育方案。此后，子华的学习态度端正了许多，焦躁情绪也改善了不少。虽然子华在学习上还是存在许多问题，但有了改变就有希望，相信他一定会有蜕变的那一天。

2. 家访有助于更好地形成家校合作交流的平台

于漪曾说过："传统家访仍有必要，这是学生、教师和家长沟通的一条好途径。"青少年教育专家周长根也曾说过："现代不少学校和教师通过电话了解情况，但这只是声音的传递，代替不了面对面感情的交流和实地的踏访。"其实，不管科技如何发展，人们生活方式出现什么变化，我们的社会仍是人性化的社会。电话、QQ、微信、电子邮件等信息技术一般只能实现教师和家长的双向交流，而家访则能更好地实现教师、学生和家长三方的沟通。通过面对面的沟通交流，教师和家长得以在随和、宽松的气氛中进行感情的交流，深入地讨论孩子的表现、教育方法的细节，能使双方都获得更多更细的信息。同时，在这一过程中，教师将更有效地以自身的人格魅力、学识水平去感染、影响家长。另外，家访还体现了教师对学生的关怀和对家长的尊重，从而更好地激发学生的学习兴趣，促进家长积极配合学校的教育工作。

总之，"为走近而走进"主题家访活动让我们认识到，家访是促进家校沟通、合作的有效方式。作为学校管理者，应建立起相应的教师家访制度，通过制度明确家访工作过程中相关问题的解决办法，使我们的教育更富有人情味。

第十章　圆韵环境

以生为本，以美育美

2013年10月14日，我们一行六位校长风尘仆仆来到广东省东莞市大朗镇中心小学跟岗研修。跨进校园的第一印象是校园新，第二印象是校园大。也许珠三角地区的学校大都如此，上周跟岗的中山市实验小学也很大。

首先，我们跟随学校的蔡校长参观了校园。大朗镇中心小学创办于1950年，2009年2月在现址（新体育中心路9号）兴建新校舍，2009年9月即投入使用。基建是最磨人的事情，校长最怕基建，本身不怎么懂建筑，但是水、电等都要跟进。毋庸置疑，蔡校长这8个月也许就像一个工头或一个工程师一样穿梭于工地，辛苦换来的是漂亮的校园，换来的是准时在新校园开学。学校按省一级学校标准建设，占地面积58.5亩，建筑面积39 456平方米，可容纳36个教学班，提供1 650个学位。学校建有5层教学功能楼4栋，11层教工宿舍楼（一至三层为师生食堂）1栋，体育馆1座，配有室外篮球场、足球场、塑胶跑道等。学校采用了当前国内最先进的教学设备和完善的校园信息网，有场地供全体师生午休和用餐。学校环境优美，绿化覆盖率达38%，园林景观富有文化气息，乍看起来有点大学的味道。

参观了全新、美丽而又宏大的校园后，我们共同学习了学校的办学经验。年轻的蔡校长，短暂的四年能把偌大的学校管理得井然有序，还不乏亮点，实属不易。教育管理中蔡校长有很多创造性做法值得借鉴。

一是团队建设方面。行政班子成员管理培训包含成功管理经验的定期分享。如后勤主任把食堂用餐、坐校车指引做成课件先给学生进行讲解，然后给行政班子做讲座培训。在教师层面，做到"互助成长五坚持"，即坚持备课反思、坚持读书做笔记和举办读书分享会，坚持写教育手记，坚持举办"享受身边教育之美"讲座（人人要讲而且要主动申请讲），坚持师徒结对、合作共赢。他山之石，可以攻玉。这些做法是我在学校管理中可以借鉴的。

二是家校合作方面。蔡校长把家校合作当作重点工作来抓。老师、家长共读一本书，并召开读书交流会，如一起阅读《水知道答案》《佐贺的超级阿嬷》等书并举办亲子阅读交流会。交流会形式多样，有时让有特长的家长给学生上课，有时请外籍人士给学生上英语课。

学校提出"以生为本，以美育美"的理念，我们认真思考着"以美育美"这一核心点。这"美"，是学校管理之美，是课程设置之美，是教师育人之美，也是学校校园环境之美。

中共中央、国务院在《关于全面加强和改进新时代学校美育工作的意见》中明确指出："美是纯洁道德、丰富精神的重要源泉。美育是审美教育、情操教育、心灵教育，也是丰富想象力和培养创新意识的教育，能提升审美素养、陶冶情操、温润心灵、激发创新创造活力。"在此必须谈一谈"美"的校园环境对学生全面发展的重要意义。

狭义的校园环境，仅指校园的自然环境，主要体现其物质特征，仅包括校园景观。广义的校园环境指学校范围内的自然环境和人文环境，而人文环境指学校的人文精神。我们主张研究广义的校园环境。校园环境，对一所学校意义重大。

第一节　校园环境促品牌创建

校园环境是学校特色品牌创建的重要依托。

当代品牌学认为，品牌作为一个概念，一方面具有浓厚的精神文化特征，是对该类事物的抽象化概括，另一方面是具体的、物质的、动态的，是精神文化和一定物质载体的融合物。

学校品牌是一种以育人为目的、以人为载体并需要延迟评价的品牌，也是一所学校在长期的教育实践过程中逐步形成并被公众认可，具有特定文化底蕴和识别符号的一种无形资产。注重个性定位、形象识别、传播推广和维护创新，是创建学校特色品牌的关键。品牌与特色有着密切的联系，要建设学校品牌，意味着学校独具特色，例如独特的校园环境。因此，被誉为"校园景观规划之父"的理查德·P. 多贝尔强调校园景观环境设计要有特色。良好的校园环境能为创建学校特色品牌奠定基础、完善内容和保存成果。

一、校园环境奠定学校特色品牌创建的基础

校园环境作为学校最重要的组成部分之一，是外界对学校特色品牌认知渠道

中最为客观的一种。校园环境往往构成公众对学校的第一印象，人们首先认识到"教育是在这样的环境下发生的"，并根据具体的校园环境形象推理"在这样的环境下发生的是什么样的教育"。甚至可以说，无论是校园文化还是教学科研成果，它们对于学校特色品牌创建的影响，都是在校园环境给人的印象的背景下，进行的不同层次的印象建构与修正。

二、校园环境完善学校特色品牌创建的内容

校园环境中的校园景观，是学校特色品牌的外在表现和标志。学校的建筑风格、教室内部的环境布置、意义明确的学校标志物，都能以不同的形式向人们传达一所学校的品牌特色，展示学校风采，给受众以向往的动力。校园环境作为完善学校特色品牌创建的内容，要将本校独特的精神内涵以外显的形式充分地表达出来，使校园建筑和标识富有教育的人文内涵。而具有独特意义的环境设计，不仅给人以视觉感官的冲击，更能影响人的内心成长。因此，校园环境须蕴含学校特色的观念与意境，匠心独具，让师生在和谐的环境下学习、工作和生活，使校园的各种功能既相互配合和协调，又能实现空间上的统一和完美，并在完美的物质景观之中体现出文化的醍醐之味。

三、校园环境保存学校特色品牌创建的成果

一方面，人文精神层次上的校园环境建设，本身就是学校特色品牌创建的重要目标；另一方面，校园景观层次上的校园环境建设，能进一步发挥展现学校特色品牌创建既有成就之作用。在学校特色品牌创建时，不仅要体现学校"做了什么"，也要突出"已经做到了什么"。保存、继承、发扬学校特色品牌创建的成果，对于提升全校师生的集体荣誉感，进一步培养具有品牌特色的校园文化，具有至关重要的作用。而校园环境就是保存学校特色品牌创建成果的物质载体，无论是专属的荣誉室，还是纪念性的景观建筑，都属于校园环境的范畴。

第二节　校园环境彰人文精神

校园景观和人文精神是校园环境两个不可或缺的重要组成部分，缺乏人文精神的校园景观也就失去了灵魂，而人文精神需要校园景观作为物质载体。

一、人文精神是校园景观的内在灵魂

校园环境的人文精神无法直接传递给人，必须通过一定的媒介。通过在校园景观设计中渗透学校的人文精神要素，让人文精神成为校园景观的内在灵魂，是彰显学校人文精神的重要方式。校园景观的设计不仅涉及技术性问题，还要考虑相关主体对校园景观的需求、周围环境和历史文化底蕴等要素。缺乏人文精神的校园环境必然是没有活力的。只有当校园景观蕴含着一种学校所特有的历史文化内涵、人文精神，人们才会对校园景观产生深刻的印象。此外，当校园景观有了使人为某种精神而奋斗的感染力和感召力，并形成一种与人文精神相结合的整体环境氛围时，将有利于酝酿浓厚的校园文化，形成独树一帜的风格。

二、校园景观是人文精神的外在载体

校园内的人文精神实现通过校园景观来凸显。校园景观环境是广大师生可以感受到的具象空间视觉形态，它见证着校园的发展历史和文化革新，反映了学校的审美取向和价值追求，是人文精神得以彰显的重要载体。倘若缺乏校园景观的设计与建设，人文精神将无处彰显，很难使校外人员对学校环境产生具体深刻的认识，难以让校内成员切实融入学校环境，无法唤起校内成员对母校的崇敬与爱戴，更无法启发他们朝着自己的理想不断奋斗。校园景观的设计，可以传递文化内涵、表达思想情操、反映时代特征，激发师生对社会和人生价值的思考以及对理想的渴望。

三、校园景观与人文精神相辅相成、缺一不可

校园景观与人文精神相互影响、相互作用。只有在人文精神的指引下，将其运用于校园景观设计与建设中，才能够使人文精神的内涵得以充分体现，让校园环境充满更浓厚的人文气息和人文关怀。首先，校园景观是人们智慧的成果，凝结着校园的历史文化内涵，是校内师生与学校环境相互联系、相互作用的结果，体现着人文精神。其次，校园环境的受用者在人文精神的熏陶下，其人格也得到升华。当步入满载人文精神的校园，总有一股强烈的带有生命力的东西触碰着人们的心灵，使人激动和兴奋。这正是一所学校独有的人文精神与校园景观结合产生的化学效应。例如广州市真光中学，校内保存完好的真光堂、连德堂、必德堂、怀素堂、协赞堂、真庐、白求恩楼等建筑，别具一格的古典风格建筑记载着百年校园的历史变迁。在这样的氛围中学习和生活，不仅能促使校内教职工、学

生对学校有着深刻的认同感和归属感，也激发着他们学习先辈们追求真理、服务社会的昂扬斗志。可见，当人文精神融入了校园景观设计时，校园环境将在培养学生的过程中产生积极作用，也将给教职工以及学生们带来人文精神的熏陶以及美的享受。

第三节 圆韵环境之"校园八景"

校园环境设计人员应该自觉地继承地方文化传统，取其精华、弃其糟粕，创造出有地域文化特色、有生命力的校园环境。

校园环境作为师生学习、生活和交流的场所，在与广大师生的相互作用中逐渐完成人文意义的建立，逐渐形成以独特人文精神为灵魂的品牌与特色。人文精神是校园景观的灵魂，是学校特色品牌建设的题中之义。因此，必须强调人文精神，才能建设有灵魂的校园环境，深化学校特色品牌的内涵。

学生置身于优美的校园环境中会感到心旷神怡，会暂时缓解学习的紧张状态，倍感轻松愉悦。

坑口小学校园虽小，在"圆满教育"核心理念指引下，却创建了有自己特色的校园环境，我们称之为"圆韵环境"。其中，最有代表性的是"校园八景"。"校园八景"，即花抱皇冠、水滴石穿、园林生态、书声竹影、依鹿回头、静思休憩、榕荫足印、碧浪霞光。这"校园八景"融入了"圆满教育"之"圆文化"元素，让师生在"圆文化"中浸润涵养，完善人格，完全发展。

圆韵环境之"校园八景"解读如下。

花抱皇冠。几簇花儿自成一团，围着圆形皇冠，不知是花拥抱皇冠，还是皇冠边上长出鲜花。美美相遇，别有韵味。

水滴石穿。假山景色迷人，仿真山石造型工艺一流。主峰雄伟，山间流水终年不断，日久穿石；池边塑石仿佛一群学子围坐在老师的身旁，聆听老师讲述"水滴石穿"的故事，领悟其深刻含义。

园林生态。大自然是天然的资源，我们对大自然应该要有一颗珍惜和爱惜的心。一切顺乎自然的东西都是美好的，正如美好园林。

书声竹影。知识长廊旁边有座泥塑，书本铅笔造型，与佛肚竹为伴，相互辉映。书中文字"知识就是力量"格外醒目，仿佛可闻琅琅书声。

依鹿回头。婆娑的高山榕，源于旧校。神态温柔，犹如一头雌鹿，欣赏今日校园美景，回首难忘昔日情怀。

静思休憩。静思园虽小，但别致优雅。青青的小草，阵阵的花香，使人心旷神怡，是静思休闲的好地方。园中几个泥塑树桩，造型逼真。一圈圈年轮记载着树的成长历程，也告诫人们不要随意伐木，不要破坏生态环境。

榕荫足印。大榕树下，有着清晰可见的足印，这是先哲留下的足迹，还是校园孩子们求学的脚印？这是一辈又一辈读书人留下的印迹。

碧浪霞光。有水，有光；水是碧浪，光是霞光。水光相连，灿烂一片。这是美好的读书环境，也是求学者灿烂的梦想。

以"校园八景"为代表的坑口小学圆韵环境，是传统的，是现代的，更是生态的。圆韵环境以"追求完满"作为价值统领，旨在让每一位学生在美好的教育环境之中追求"完整人格"，追求"完全智慧"，追求"完满生活"。

案例

金兰苑小学：以"方"正有度的校园景观"圆"润学校特色品牌

一、"方圆"校园环境文化建设背景

金兰苑小学地处荔湾区城乡接合部，因社区有部分居民来自荔湾老城区，有浓厚的下棋兴趣，社区也有浓郁的下棋氛围，21世纪初学校因地制宜开设了棋类课程。棋类教学投入少，成本低，也不怎么占场地（学校本身运动场地狭窄）。学校通过广泛征集专家、教师、学生、家长及社区意见，选定棋文化作为学校特色教育项目。近年来，学校更是深入发掘棋文化内涵，通过充分论证选定棋类教育作为学校特色教育突破口，普及"三棋"课，实施了全面棋文化教育。学校2005年被定为"全国中小学棋类教学课题研究实验基地"，2006年被定为荔湾区"金兰杯"中小学生三棋赛定点学校。作为广州市体育传统项目（中国象棋）学校，学校深入开展棋文化教育提升办学品质，积淀了一定的棋文化教育基础，闯出一条"人无我有，人有我优，人优我特"的路子来。

棋文化在我国的历史源远流长，是中华民族五千年文明史中一颗璀璨的明珠，是一门启迪智慧、陶冶情操的艺术。黑白之间，楚汉内外，带来无限启悟。古人认为天圆如张盖，地方如棋局，《大戴礼记·曾子天圆篇》中曾参回答单居离之问，曰："天道曰圆，地道曰方；如诚天圆而地方，则是四角之不掩也。"从哲学的角度出发，中国的造物观和审美观是对中国传统宇宙观和人生观的隐射，所谓"天圆地方""智圆行方""外圆内方"等便是具体的概括。

"方圆教育"的意蕴来自于此。"方圆教育"的内涵是人的发展，即学生和教师的发展。用方圆教育整合教学资源，探索特色教育发展最佳路径，以"为学生的人生奠基"为根本目标，通过创设一种温馨和谐的人际氛围和多元文化兼容并蓄的教学氛围，来培育有文化、有个性、自主发展的学生，使学生把知识转化为智慧，把接受转变为体验，把文化积淀成人格。"方圆教育"所蕴含的文化理念，成为学校环境文化建设的价值依托。

二、"方圆"理念下的校园环境文化建设

在"方圆育人"的核心理念指引下，学校倾力营造了"书香绵远，棋韵绕缭"的方圆环境，让学生在棋园、书园、乐园中读书生活，让学生在书香棋韵之中浸润熏陶，智圆行方。

方圆棋韵，警示心灵。矗立在学校大厅和操场入口、镌刻着"恪守规矩，信步方圆"的校训壁，沉稳厚重，极具中国传统建筑特色。"恪守规矩，信步方圆"的校训时刻警醒师生为人处事、学习生活"凡事讲原则，万事讲规矩"，要在遵守规矩的基础上创新性地工作学习。警醒师生内心世界，启迪师生心灵深处的还有学校的校风、教风、学风，校风、教风、学风都物化在教室智圆楼墙面。学校的教学楼外墙、校服蓝白主色调同样肩负着物化功能，警示师生清白做人。穿着蓝白的校服，意味着我们是自然人，更是学校人，时刻要方正做人。

方圆棋香，滋润品行。学校的物质文化另一教化功能便是无声浸润师生品行。学校教学楼前约390平方米的"兰苑"文化廊，汇聚了琴棋书画人文作品。阅读大厅立棋桌棋盘，书吧书厅，棋书韵融，折透手谈方圆，德智相生的教育理念。校园内智圆楼和行方楼被融通楼连接着，相对而立。校园里处处都有"棋"的影子：操场上、花坛里摆放着"将""帅""卒"等文化石；智圆楼外墙上有"纹枰对弈雕塑"；融通楼上的棋趣园里有"河图洛书""咏棋诗"，孩子们乐在"棋"中；走廊梁柱上抬头可见棋诗、下子口诀；行方楼二楼还有约200平方米的金兰棋社等，处处营造了"书香绵远，棋韵绕缭"的方圆环境，使学生在书香棋韵之中浸润熏陶。

方圆棋社，棋趣人生。学校作为金兰棋社的总社，各班都是"金兰棋社"的分社，学生们别出心裁地为本班分社命名：如乐弈社、棋才社、见贤思"棋"社等，总社、各分社方圆有致的文化活动，形成温馨的班级特色文化。学校还积极开展文化共融活动。学校和茶溏街道以"金兰杯"三棋赛为推手，定期在金兰社区文化广场开展主题为"棋乐融融、和谐金兰"的棋文化活动，把学校棋文化辐射到社区，实现文化共融。诗意化的校园感染、熏陶师生的内心世界。我校（金兰苑小学）师生以校园为荣，以校园为美，每天生活、徜徉在洁净、雅致的校园里，心旷神怡，校园处处充满着盎然的春意。

三、"方圆"校园环境文化建设展望

"方圆"校园环境文化建设是推进学校"方圆教育"特色品牌建设的需要，是提升学校品位的需要，更是在人文精神与校园景观的映射中点亮学校特色品牌的需要。岁月如歌声声急，教育如棋局局新，一分耕耘，一分收获！新的时期，面临新的挑战，金兰苑小学将抓住机遇，继续围绕"方圆教育"理念，把学校打造成特色鲜明、质量一流、家长满意的优质学校。棋如人生，人生如棋，行走在教育的棋盘上，金兰苑小学这位年轻的"棋手"正酝酿走出一盘完美的棋局。

参考文献

［1］钟祖荣. 论学习方式及其变革的规律［J］. 北京教育学院学报，2005（2）：33-40.

［2］郭思乐. 望晨光之熹微：生本教育体系实践和思考［M］. 合肥：安徽教育出版社，2008.

［3］国家中长期教育改革和发展规划纲要（2010—2020年）［EB/OL］.（2010-07-29）［2019-03-16］. http://www.moe.gov.cn/srcsite/A01/s7048/201007/t20100729_171904.html.

［4］钟启泉. 为了中华民族的复兴，为了每位学生的发展：《基础教育课程改革纲要（试行）》解读［M］. 上海：华东师范大学出版社，2001.

［5］杨明全. 课程改革与学校文化的转型［J］. 河南教育，2002（12）：16-17.

［6］张岱年，方克立. 中国文化概论［M］. 北京：北京师范大学出版社，2004.

［7］杨淑萍. 重新审视课堂教学评价的功能、内容与标准［J］. 教育理论与实践，2009，29（10）：44-47.

［8］中共中央马克思恩格斯列宁斯大林著作编译局. 马克思恩格斯全集：第1卷［M］. 北京：人民出版社，1995.

［9］高平叔. 蔡元培全集：第四卷［M］. 北京：中华书局，1984.

［10］毛玉华，孙华美. 小原国芳的全人教育思想述评［J］. 重庆科技学院学报（社会科学版），2008（11）：190-191.

［11］李合群. 《东京梦华录》注解［M］. 北京：中国建筑工业出版社，2013.

［12］贾顺成. 我国古代的蹴鞠运动［J］. 渭南师专学报，1992（3）：82-87，96.

［13］老子道德经注校释［M］. 王弼，注. 楼宇烈，校释. 北京：中华书局，2008.

［14］吴江林，林荣凑，俞小平. 课堂观察LICC模式［M］. 上海：华东师大出版社，2013.

［15］夏雪梅. 以学习为中心的课堂观察［M］. 北京：教育科学出版

社，2012.

［16］斯托茨福斯. 提问的威力［M］. 赵学敏，译. 北京：华夏出版社，2014.

［17］闫德明. 学校品牌的涵义、特性及其创建思路［J］. 教育研究，2006（8）：81–83.

［18］多贝尔 L P. 校园景观：功能·形式·实例［M］. 北京世纪英国翻译有限公司，译. 北京：中国水利水电出版社，2005.

［19］陈如平. 关于新样态学校的理性思考［J］. 中国教育学刊，2017（3）：35–39.

［20］崔允漷，夏雪梅. "教—学—评一致性"：意义与含义［J］. 中小学管理，2013（1）：4–6.

［21］余仁生. 基于"立德树人"的"4+X"素养课堂新样态建设：从学校课堂教学区域研究视角［J］. 现代教育，2020（3）：8–11.

［22］杨向东. 促进学习的课堂评价设计与使用［J］. 基础教育课程，2010（6）：62–64.

［23］高宏钰，霍力岩. 教师专业观察力及其提升策略："观察渗透理论"的视角［J］. 当代教育科学，2020（4）：33–37.

［24］宫兆鑫. 教师课堂观察能力结构研究［D］. 上海：上海师范大学，2013.

［25］燕国材. 智力因素与学习［M］. 北京：教育科学出版社，2002.

［26］沈毅，崔允漷. 课堂观察：走向专业的听评课［M］. 上海：华东师范大学出版社，2008.

［27］陈玉云. 学校发展规划的制定与管理优化［J］. 北京教育（普教），2012（6）：16–17.

［28］陈玉云. 学校发展规划的反思与重构［J］. 教学与管理，2006（31）：13–15.

［29］龚孝华，谈心，于慧. 学校组织与管理经典案例研究［M］. 北京：中国轻工业出版社，2016.

［30］闫龙. 学校发展规划制定和落实中的问题与分析［J］. 国家教育行政学院学报，2011（4）：40–43.

［31］闫德明. 学校发展应有个性化"施工图"［N］. 中国教育报，

2011–07–05（6）.

［32］张斌. 学校发展规划存在的五大问题［N］. 中国教师报，2014–02–12（11）.

［33］张淑伟. 中小学如何编制学校发展规划［J］. 河南教育（基教版），2014（Z1）：16.

［34］龙建刚. 东莞松山湖中心小学：在生态化校园里徜徉［J］. 广东教育（综合版），2012（5）：32–33.

［35］刘建平，王强. 学校课程再造：让教育与生命同行［M］. 北京：中国轻工业出版社，2013.

［36］中华人民共和国教育部. 义务教育课程方案：2022年版［M］. 北京：北京师范大学出版社，2022.

［37］殷海光. 中国文化的展望［M］. 北京：商务印书馆，2011.

［38］J. 莱夫，E. 温格. 情境学习：合法的边缘性参与［M］. 王文静，译. 上海：华东师范大学出版社，2004.

［39］张宁玉. 高中教师专业"二次成长"调查研究：以郑州市E中学为例［D］. 郑州：郑州大学，2020.

［40］广州市荔湾区教育局，广州市荔湾区教育发展研究院. 内生与外铄的协奏曲：对荔湾区学校特色品牌样本的理性考察［M］. 广州：广东教育出版社，2018.

后记

· ·

携教育思想，追教育梦想

时光易逝，岁月难留。我从2004年开始做校长，到现在一晃18个年头了。我揣着荔湾区教育局的一纸任命，诚惶诚恐地到各所学校工作。蓦然回首，18年的足迹、18年的时光，逝者如斯夫，只叹时间太短、太快，18年来唯恐有辱教育使命、有负家长寄望、有欠师生情谊而不敢懈怠，只敢兢兢业业、只争朝夕在学校这份责任田里耕耘。

携我教育思想，追我教育梦想。

朴素的教育情怀促我追寻教育梦想。不惑之年，从南漖小学调到金兰苑小学，从一所农村小学到一所城区小学，虽然工作环境变了，合作的同事变了，但是，无论在哪里工作，作为一位校长，我的骨子里头永远不变的是教育情怀。作为一位校长，血液里总会流淌着对教育事业的激情、执着、坚毅。做校长，就意味着担当，就意味着责任。伟大的人民教育家陶行知"捧着一颗心来，不带半根草去"，如此赤子之忱，我把它永远装在心里。这是我作为一位校长的朴素的教育情怀。因为有了这种情怀，我可以用我的智慧、情感和我一生中最旺盛的精力，追寻自己的教育梦想。

执着的事业愿景伴我践行教育思想。一位校长，没有理想，就会混日子，就会做一天和尚撞一天钟，就会得过且过。学校就会像一艘没有方向的扁舟，在大海里随波逐流，漫无目的，甚至迷失方向。随着年龄的增长，随着校长工龄的增多，自己对校长这个角色，越来越有更清晰的认识。说实话，要做一位职业校长，按部就班，上传下达，也不是难事，但是，要做个有思想的、专家型的名校长，可不是件容易的事情。在这个日新月异、求变求创造的信息化新时代，校长如果仍然守着几亩自留地，日出而作，日落而息，不思进取，不思改变，自己被社会淘汰倒是小事，校长管理的学校落后，教育质量落后，孩子的发展落后，那可是大事。校长是学校发展的灵魂，有一位好校长，才会有一所好学校，这是朴素的毋庸置疑的真理。我的教育梦想，就是要做有创造的、有思想的、专家型的校长。

勤于学习是实现我的事业愿景的催化剂。我清醒地认识到，要成为有思想的名校长，一定要勤于学习，因为只有认真学习理解教育方针政策，学习他人的办学经验，主动学习教育科学和管理科学，逐步形成自己的认识，形成自己的主张，形成自己的办学思想，才有成为名校长的底气！2013年4月，我被广州市教育局选拔为广州市卓越小学校长培养对象，在北京师范大学专心进行理论学习，在广东第二师范学院参与实践跟岗体验。这为期一年的脱产进修和学习跟岗，是我一生求学中学得最受益也是最浪漫的一次历程。2014年9月，我被广州市教育局选拔为广州市基础教育系统新一轮"百千万人才培养工程"小学名校长培养对象，在华南师范大学进修。这两次学习培训，使我对教育、对办学有更新的认识和理解；对从事教育有更大更浓的激情；使我进一步增强了学校管理的创造意识，增强了推进素质教育、创办特色学校的使命感。在不断地学习中，我坚定了当一个有思想的校长的信念。我深深地认识到：一位优秀的校长要树立终身学习的观念，加强自身修养，敢于自我突破、自我超越，做到脑要清、眼要明、耳要聪、胸要阔、心要诚。我学会了创建特色、品牌学校的方法、策略、途径；学会了如何厘定学校特色发展战略主题和特色建设的顶层设计；学会了如何确定自己的办学思想和教育思想，并能形成一套完整的办学体系。

躬于实践是实现我的事业愿景的助推器。在学习过程中，我注重学以致用，强调理论与实践的结合，即通过实践，获得管理的经验，获得校长职业能力和思想境界的提升。特色管理充分体现校长的教育智慧，特色学校的创建是助推我成长的最大的动力。适逢荔湾区创建特色学校的大势，我在中国教育科学研究院和华南师范大学的专家引领下，用自己独特的理念，用自己的教育智慧把原来名不见经传的金兰苑小学打造成具有个性化、特色较为鲜明的学校。自我在金兰苑小学实施"方圆教育"以来，学校打造方圆教师，建设方圆课程，营造方圆环境，教育特色逐渐显现。中央电视台、广东电视台、广州电视台、南方都市报、羊城晚报等主流媒体常年热情跟踪报道我的教育主张和办学实践。省内外多所学校到我校（金兰苑小学）参观交流。我也受邀在广州市特色学校授牌现场会、中国棋文化峰会和中国教育科学院"学校育人模式的整体建构"研讨会（浙江宁波）上分享办学经验，还受邀到广东英德市给全市副校级以上干部作"学校发展战略主题定位与特色设计"主题演讲。我还被中国教育学会管理分会学术策划委员会吸收为委员。

作为一校之长，我深知在信息化时代，在大数据时代，社会瞬息万变，不进则退。我们不能"啃老本，吃老本"，要"苟日新，日日新，又日新"，才能不被社会、时代淘汰。于是，我坚持每天看书写作，我的《E时代家访不过时》《方圆教育的实践与思考》等论文分别发表在《中小学德育》《师道》等刊物上。特别是作为广州市卓越小学校长培养对象、广州市基础教育系统新一轮"百千万人才培养工程"小学名校长培养对象，在北京师范大学、华南师范大学、广东第二师范学院等高等院校深造之后，我对教育、对办学有更新的认识和理解，并在每天的工作中努力实践这些认识和理解。

"虽然每学年、每一天所做的事情不足挂齿，但我从干这份清贫的工作第一天，就生怕有愧于这份神圣的职业，在这几分责任田里恪尽职守，丝毫不敢懈怠，以求得心灵之安，以求得学校健康发展，以求得学生智圆行方的成长。"我经常如是说，同时也就是这么做。

李小田

2022年6月